# 難題が飛び込む男 土光敏夫

伊丹敬之

JN148277

日経ビジネス人文庫

# 文庫版　まえがき

土光敏夫という名経営者には、「再建」というイメージが一般には強いだろう。この本のタイトルも、三つの組織の再建といういずれも難題となることが容易に想像できるような仕事が向こうから勝手に飛び込んできて、土光は受けてたった、という事実を象徴的に表現したつもりである。

三つの組織とは、石川島重工業、東芝、そして日本政府の行政組織である。

倒産の危機にあえいでいた石川島重工業を一九五〇年に子会社から「しょっぴかれるように」（本人の言葉）社長にさせられて見事に再建した。倒産とはいわないまでも長い低迷に苦しんでいた東芝の社長に外部から一九六五年に招聘され、再建を託された。ただ、見事成功となったのは六九年までで、社長在任後半の東芝はまた低迷の時期に入ってしまった。その後、経団連会長などを務めた土光に八一年には臨時行政調査会の会長という仕事が飛び込んでくる。

行政改革は他人にはとてもできそうにない難題中の難題で、土光自身の評価は成功ではないかもしれないが（それだけ厳しい人だった）、私は成功といっていいと思う。

そうした再建の仕事が多かった彼の経営者人生の特徴、とくになぜ土光が経営者として成功したのかという原因をあえて二つの言葉に集約したのが、第7章のタイトルとした「現場の達人、凛とした背中」である。現場に心を寄せ、現場のディテールを大切にし、現場の人々が本気で参加する立て直しをめざす、それが再建の鍵と土光は考えていた。また、再建には改革の痛みがつきものになるのだが、その痛みを多くの人々に覚悟してもらうためには、経営者の背中が凛としたもの、きびしさと誠意と筋を通すという態度が同時にあふれ出ているようなものでなければならないと、土光は考えていた。

いずれも、いつの時代の企業人・経営者でも、組織をまとめ大きな人間集団を率いる「組織経営者」として、深く心に留めて大切にすべき経営のスタンスだと私は思う。

しかし、令和の時代の日本の企業人・経営者にとっては、「戦略経営者」としての、つまり組織全体がめざすべき将来の方向をさし示し、それへの戦略的投資を自ら決断する経営者としての土光の経営スタンスもまた、学ぶべき対象になると思われる。そのスタンスは、「海外展開へのエネルギー」と「成長投資への積極性」である。

私は今年の一月に『平成の経営』という本を出したが、そこで日本企業の成長へのエネルギーが平成の時代に劣化してきたことが大いに心配になった。とにかく成長投資が少な過ぎるのである。たしかに平成の最初の二〇年は「失われた二〇年」になってしまった。だが、リーマンショックと東日本大震災という二つの危機で日本企業は覚醒したようで、これらの危機に対応して地味な改革がじつは行なわれ、平成最後の一〇年間は利益率でも生産性でも見事な回復ぶりである。この事実は意外に注目されていないが、日本企業はもっと自信を持ってもいい状況になってきていると思われる。

そこでとくに重要になるのが、このめざましい回復の後にどういう方向をめざすか、いかに成長のエネルギーを取り戻すか、ということである。そこでは、組織経営者としての側面もさることながら、企業の将来を描き出す戦略経営者としての役割がこれまで以上に重要となるだろう。

じつは土光は、海外展開にも成長投資にも、積極的だった。高度成長時代だったからというより、同時代の経営者たちをかなり上回るレベルで積極的だったのである。たとえば、一九五二年に石川島重工業の再建にメドがつくとすぐに土光は、毎年のように海外視察にでかけた。戦後わずか七年という早さである。その目的の大きなものは海外からの技術導入であったが、投資先の検討のためでもあった。

その一つが五五年のブラジル訪問であり、その延長線上に五八年のブラジルでの造船所建設の投資があった。当時、「土光の愚挙」と一部のマスコミに書かれた大投資であったが、じつは大きな成果をあげることとなった。その伝統の上に、シンガポールでのジュロン造船所への投資がある。

土光はまた大胆な大型企業合併を戦後はじめて成功させた経営者だった。一九六〇年の石川島重工と播磨造船所の合併である。その結果、現在のＩＨＩ（旧石川島播磨重工）が誕生した。見事な合併マネジメントであった。

さらに、土光は多角化投資、新事業分野の開拓のための投資にも、同時代の経営者よりもはるかに積極的だった。その多くが現在のＩＨＩの中核事業となっているが、代表例がジェットエンジンであろう。この分野でＩＨＩはいま国際的にも強い企業になり、会社全体の利益の大きな部分を稼ぐまでになっているが、その背景には土光の一九五七年から始まる大型先行投資、長い期間の赤字を覚悟する先行投資があった。

海外展開へのエネルギーと成長投資への積極性、いずれも少子・高齢化で国内市場の成長があまり期待できない日本企業にとって、成長していくための二つの鍵である。その先達としての土光の経営の姿から、令和の時代の日本の企業人・経営者が学べることは沢山あるはずだ。

二〇一九年七月

伊丹敬之

# 目次

文庫版　まえがき　3

序章　再建の連続という人生――15

三つの難題が、一五年おきに飛び込む　16
土光の走馬灯：予告編　20
なぜ、難題が飛び込んでくるのか、持ち込まれるのか　23
読むのは時間のムダ？　28

第1章　人間タービンの誕生――33

備前法華の腕白坊主　34
大いなる母　37

四度の挫折　40
蔵前で、現場に出合う　44
タービンとの出合い、就職、スイス留学、そして結婚　48
現場の心に寄り添う、人間タービン　53
石川島芝浦タービンへ、そしてアメリカへ　57

## 第2章　しょっぴかれるように、本社社長に――63

戦争の時代　64
母・登美が橘学苑を創立　67
終戦、そしてタービン社長に　70
本社再建という難題第一号が飛び込む　76
「スイスのようになろう」という現場人間　80
再建にメドが立つと、すぐに世界へと旅立つ　84
ジェットエンジンを再び　88
家庭では、零点パパ？　91

第3章　大型経営者の登場　95
造船疑獄に巻き込まれる　96
拘置所の窓の月は青かった　99
ブラジルへの挑戦　102
重機械分野に、ジェットエンジンに、造船に　107
戦後最大の大型合併　111
見事な合併マネジメント　116
対面の達人　120
進軍ラッパ、そして造船世界一に　123
早めの社長退任と後継役員体制　128
宴会嫌いの土光さん？　134
第4章　東芝再建への苦闘　139
難題第二号が飛び込む　140
『東芝の悲劇』　144

オレの背中を見よ　147
社内報の活用　152
チャレンジ・レスポンス経営　156
役員大幅若返りと進軍ラッパ　159
業績は急回復していくが……　163
石播との提携強化　168
それでも、東芝は変わらない　170
四年目のネジ巻き直し　176
なぜ毎年、同じことを私に言わせるのだ　182
突然の社長交代　187
質素な生活、厳しい背中、人情味　192

第5章　メザシの土光さん　199

国家という巨大なビルづくり　200
行動する経団連へ、ゆさぶりと現場主義　203
経済政策に大活躍　207

民間外交にも積極的　211
政治にもの申す　213
第三の難題、行革が飛び込む　219
太い線を示し、脇にそれず、つまらないことをしゃべらない　225
田中角栄も本田宗一郎も、行革に協力　228
メザシの食卓の全国放映　232
行革のカリスマ　235
行革に命を削る　241

第6章　母の教え　249

天皇陛下の前で流した涙　250
「個人は質素に、社会は豊かに」　252
母の背中　255
寄付と清貧　260
妻・直子の支え　263
バブルの中の「国葬」　267

鎌倉・安国論寺 269

第7章 現場の達人、凛とした背中——273
二つのなぜ 274
現場の達人 277
直接話法経営のインパクト 280
凛とした背中 284
凛とした背中に、まわりが反応する 286
土光語録20選 289
二勝一分けの背後に 292
巨大組織の中間層へいかに届くか：経営スタイル 296
超直接話法と大欲が、カリスマを生んだ 301
カリスマの大欲のかげに、母の背中？ 304

終章 日に新たに、日々に新たなり——309
極上の特別天然記念物 310

地涌の菩薩　313
現代の日蓮　317
時代が、土光を求めた　321
鵜のマネする烏 水におぼれると思いつつ　324

参考文献　328
年表　331
あとがき　334

# 序章

# 再建の連続という人生

## 三つの難題が、一五年おきに飛び込む

岡山の農家出身の少年が東京の高等工業学校を出て、タービンのエンジニアとして技術者生活を送り、その関係で石川島重工業の社長に座らされ、さらに東芝の社長にと懇請され、その後は経団連（経済団体連合会）の会長を引き受け、最後には臨調（第二次臨時行政調査会）の会長として国の行政改革をリードした。

これが、この本の主人公・土光敏夫の一生のもっとも簡単な紹介である。多彩で華麗な財界人の経歴とも見える。しかし一方で、土光は宴会嫌いで質素な生活で有名だったし、朝晩に法華経の読経を欠かさないことも広く知られていた。ゴルフではなく庭の畑仕事が趣味であり健康法だったことも含め、とてもふつうの財界人ではないのである。

仕事の経歴も実はユニークで、それは三つの再建、それもかなり難題の再建という問題がほぼ一五年おきに飛び込んできた人生だった。一九五〇年の石川島重工業の再建、一九六五年の東芝の再建、一九八一年の日本の行政の再建ともいうべき行政改革、その三つの難題である。

再建の対象となった三つの組織は、とくに緊密な関係があったわけではない。土光を

見込んだ人たちから再建の難題が持ち込まれ、土光は落下傘のように三つの組織に乗り込んだ。いや、持ち込まれたというより、土光の側からすれば、難題が飛び込んできた、受けざるを得なかった、というべきだろう。だからこの本のタイトルを、『難題が飛び込む男』としたのである。

しかも再建すべき組織は、関与する人間の数を従業員数で測ると、石川島重工業が五〇〇〇人、東芝が八万人、日本政府がおよそ一五〇万人、と大きさがだんだんとスケールアップしていく。そのスケールアップの倍率は、およそ二〇倍弱。つまり、一五年おきに、前の再建の二〇倍の仕事、より巨大化した難題が、三つも次々と飛び込んできた人生。それが土光敏夫の人生だった。

そんな人生を過ごすことになり、それらの難題をそれぞれにきちんとこなして、最後の再建仕事の臨調会長としては国民的英雄にまでなった土光という男は、どんな人間だったのか。さらに、なぜ三つの再建が可能だったのか。それを問うのがこの評伝の目的である。

三つの難題は、それぞれにまったく異なった活動範囲の組織の再建が、まったく異なった時代状況の中で土光のもとに飛び込んできたものだった。最初の石川島重工業は重工業と造船の会社だったが、その再建に土光がとりかかった一九五〇年は、終戦直後の混乱がまだ終わらず、日本経済も低迷していた時期だった。ただし、土光が石川島の社長になった翌日に朝鮮動乱が起き、そこへの軍需物資の特需が日本経済のカンフル剤になるような時代だった。

土光が東芝（当時の社名は東京芝浦電気）の社長になった一九六五年は、一九五五年頃から始まり七三年の第一次オイルショックで終わった日本の高度成長時代のちょうど折り返し地点の頃だった。高度成長のおかげで贅肉がつきはじめた日本企業の代表格が、家電を中心に高度成長の恩恵を大きく受けていた東芝だった。一九六五年の日本経済は、昭和の年号をとって四〇年不況と呼ばれた大きな不況の最中だった。その不況で大きなダメージを受けた名門企業・東芝の立て直しが、土光の第二の再建だった。

土光に行政改革という最難題が飛び込んだ一九八一年は、すでに日本経済の高度成長が終わり、一九七四年から始まり一九九一年に終わる日本の安定成長時代のちょうど中間点の頃だった。七三年と七九年の二つのオイルショックを日本が切り抜け、一息ついていた頃である。しかし、第一次オイルショック時に発行が急増し始めた国債の発行残高が一〇〇兆円に迫り、財政再建が国の大きな課題と認識され始めた頃でもあった。財政再建のためには行政改革で政府支出を減らすことが重要だ、ということで土光に臨調会長の白羽の矢が立った。その時に土光はすでに八四歳。まさに老骨にムチ打って、国への最後のご奉公として土光はこの最難題を引き受けたのである。

この三つの難題の間にも、土光は経営者としてめざましい活躍をしている。一九六〇年には石川島重工業と播磨造船所の合併を成功させた。この合併は戦後最大の企業合併と当時いわれた。一九七四年には経団連会長に就任し、オイルショック後の混乱を日本が乗り切るための財界の中心になり、また社会からの財界不信を払拭することに大車輪の活躍をした。

しかし、何といっても、土光の人生は再建男としての人生だった。そして、三つの再建の難題のすべてに同じように成功したのではないところにも、土光の人生の味がある。

石川島の再建は、成功した（第2章、第3章）。行政改革は、大規模な改革案を短時間にまとめ上げ、しかも実行を始められたという点では成功だったといっていいだろう（第5章）。だが、東芝の再建については、七年間の東芝社長時代の前半は成功、後半は足踏みから後戻りというべき結果だった（第4章）。したがって、勝ち負けであえていえば、土光の再建人生は二勝一分けだと私は思う（この点については、第7章でよりくわしく解説する）。

一分けがあるものの、それでも立派な成果である。とくに難題のむつかしさを考えれば、二勝一分けはきわめていい成績だと私は思う。それに、石川島播磨重工業（石播）

という大型合併の成功、経団連会長として財界への信頼を高めた大活躍、行革のリーダーとしての国民からの大きな共感、という三つのプラスを加えれば、土光が昭和の名経営者の一人であることは間違いない。

## 土光の走馬灯：予告編

その名経営者の一生をこれから私は描くのだが、土光は絵になる男である。かりに伝記映画を作るとすれば、その候補シーンは沢山ある。

その数多い候補シーンの中から、各時代ごとに一つだけピックアップして、この本全体の予告編を読者にお伝えしておこう。くわしい説明は各章で行われるが、いわば「土光の走馬灯」である。

第一のシーンは、岡山の小中学校から東京高等工業の時代、つまり社会に出るまでの時代から。岡山で地元の名門県立中学への受験に三度も失敗して、別の私立中学へと通う土光。土光は、東京高等工業の受験にも一度失敗している。失敗にもめげずにがんばり続けた土光は、たゆまぬ努力の人だった（第1章）。

第二のシーンは、一九五〇年に石川島重工の社長に子会社の社長から抜擢された時代から。社長就任半年後の正月、会社正門前で社内報を自ら配る土光。土光は抜擢されたとは思わず、「本社にしょっぴかれた」と言っているが、本社再建には組織内のコミュニケーションが大切、と社内報の創刊を思い立ち、正月の仕事始めの朝にその創刊号を門の前で自ら従業員に配ったのである（第2章）。

第三のシーンは、同じく石川島時代から。石川島の再建が軌道に乗った頃、造船疑獄で嫌疑を受け、収容された拘置所の独房の小さな窓から青い月を眺める土光。嫌疑は晴れて土光は無罪放免となったが、取り調べにあたった検事が「あんな立派な人はめったにいない」と感心した。そして、拘置所でも読経を続けた土光に感銘を受けた他の拘置者たちが、土光が誰かも知らずに「先生」と呼び始めたという（第3章）。

第四のシーンは、一九六五年に社長になった東芝の時代から。東芝の姫路工場の庭で、小雨が降る中、傘もささずに女性工員たちに会社のことを熱心に語る土光。土光は現場の人だった。工場が大好きだった。そして、夜行列車で地方の工場へ視察に出かけ、自分の姿と声を従業員たちに伝え、またとんぼ返りで東京へ戻る。そんな社長に従業員は感激する。姫路の工場でも、最初は傘をさして遠巻きに土光の話を聞いていた女性工員たちが、最後は傘をたたんで土光に近寄って囲み、自分たちも雨に濡れて土光の話に聞き入った。そして、「社長、がんばって。私たちもがんばるから」と叫ぶ（第4章、

第7章)。

第五のシーンは、経団連会長としての時代から。総理をはじめとする政府・自民党と経団連幹部との会合の席で、総理を怒鳴りつける土光。総理大臣の三木武夫がオイルショック後の経済の悪化の状況をよく理解せず、地方選挙で自民党が勝ったの負けたのという話ばかりをしていた時である。土光は「総理、経済が底抜けしたら、何となさる」と大声でしかりつけた。土光に怒鳴られて震え上がった人は、石川島にも東芝にも経団連にも沢山いたが、日本国総理大臣もまた、土光にかかっては例外ではなかった(第5章)。

第六のシーンは、臨調会長時代から。すべての土光の映像の中でもっとも有名な、「メザシの土光さん」のシーンである。行革の第三次答申案提出の直前に、NHKのカメラが土光の自宅に珍しく入り、老夫婦の質素な晩ご飯を紹介した。夜のゴールデンタイムの「行革の顔　土光敏夫」という特集の一部である。食卓には庭でとれた野菜のおひたしにメザシの焼き物。そして玄米ご飯とおみそ汁。メザシにがぶりと嚙みつく、入れ歯一つない健康な八十四歳の映像は、視聴者の心を打った。行革への反対論は急速にしぼんだ(第5章)。

## なぜ、難題が飛び込んでくるのか、持ち込まれるのか

土光に三つの難題が飛び込んだ時のそれぞれの時代状況は、すでに見たように三つの場合に大きく違ったが、土光の周囲の状況としてはよく似ていた。難題が飛び込む直前まで土光がやっていた仕事を傍から見ていた人の中に、再建を依頼したい組織の責任者格の人がいて、その大物が土光のことを見込んで再建のリーダーを頼み込むのである。しかも、三ケースとも、いやがる土光を説得して、なかば無理やり再建の難題を引き受けさせるのである。

石川島芝浦タービンの社長をしていた土光を親会社である石川島重工業の社長へと引っ張ったのは、本社前社長の笠原逸二だった。石川島播磨重工業の社長を辞めたばかりの土光に東芝の再建を持ち込んだのは、東芝会長の石坂泰三だった。経団連会長を辞めた直後の土光に臨調会長の白羽の矢を立てたのは、時の行政管理庁長官で次の総理になった中曽根康弘だった。

いずれも、土光が「固辞したい」と最初は答えた話であった。土光は、「経済界に六〇年いるが、自分から希望してやったことは何もない」と言っている。すべて受け身な

のである。受け身だから、私欲で乗り出す再建ではない。だから、無私の人として再建役が打ってつけにもなるのである。

しかし、そもそもこうした再建の難題が三つも、土光のそれまでの仕事とはかなり異質の分野なのに、次々と巨大にスケールアップして土光のところに持ち込まれるのは、なぜだろうか。

それを考えるのがこの本の中心課題の一つなので、読者にはこの問題意識をもって以下の章を読んでいただきたいが、これも予告編として私なりの結論めいたことをここでは紹介しておこう。その結論が正しいと読者のみなさんが思えるかどうかは、本編を読んでのお楽しみである。

「組織のゆるみを正すトップとして、実に適任」と土光の人格や能力を再建を依頼する人が判断した、というのがもっとも直接的な「難題が飛び込む」理由であろう。

石川島も東芝も日本の行政も、組織のゆるみに起因する赤字で苦しんでいた組織である。そのゆるみを正すことが、まず再建のためには必要になる。しかし、長い間ゆるみのたまった組織を正すのは、しかも巨大な組織でそれを行うのは、至難の業である。ふつうの経営者には、きわめてむつかしい仕事である。ゆるみのたまった組織の上も下も、ゆるみの原因を自覚し、将来への希望ある道筋を納得してはじめて、再建は可能になるだろう。

そのために一般的に必要となる再建役の条件は少なくとも三つあると思われる。

第一に、難題の核心に自分が飛び込むというキャラクターであること

第二に、再建に必要な巨大なエネルギーを持っていること

第三に、現場が再建へと自ら動くように仕向けられる経営の工夫を考えつくこと

第一の条件は、たとえ難題そのものが飛び込んできたのが受け身であっても、再建のためには難題の核心に自分が飛び込まなければならない、ということである。まわりからじわり攻めるというのでもなく、周囲の人間に大きく依存するというのでもなく、自分が自ら飛び込むのである。リーダーが飛び込むからこそ、下の人たちも再建に取り組もうという気になる。

第二の条件は、再建のプロセスでは実にさまざまな利害の衝突も行き違いも、そして巨大な調整作業も起きがちだから、それを指揮するリーダーには巨大なエネルギーが必要ということである。

第一と第二の条件が意欲やエネルギーの問題だったとすれば、第三の条件は知恵と背中の問題である。組織のゆるみに染まった人たちにそのゆるみを自覚させ、正しいやり方を自分たちもやろうと思わせるには、さまざまな工夫をしなければならない。「ゆる

みを正せ」と命令するだけでゆるみがなくなることなど、ありえない。

だから知恵がいる。しかし、知恵だけでもだめで、それを下の人たちが信じなければならない。信じるための信頼感を、再建のリーダーは組織の中に生み出さなければならない。

土光の場合、この第三の条件は、土光の経営者としての特徴――「現場の達人であること」「凛とした背中を見せること」という二つの特徴が強烈であったことによって、満たされていたようだ。この議論をここでさらに深掘りするのは不適切だろうから、くわしい説明は第7章まで待っていただきたい。

こうした再建役の三つの条件は、正直に言うと、土光の人生を描いてみてあらためて私が感じた条件である。だから、これが土光の場合にあてはまるのはむしろ当たり前で、土光という事例から私が少し抽象化したものなのである。ただ、これ以外の条件もあるかもしれないが、しかし一般性の高い抽象化だと自分としては考えている。

こうした再建役に打ってつけの適性を土光が持っていることを、難題を持ち込んだ人はなぜ知っていたか。いやがる土光を説得して引き受けさせるというほどに、なぜ確信できていたのか。

それは、難題が飛び込む直前の土光の仕事ぶりを間近に観察する機会を、かなり大量に持っていたからであろう。石川島の笠原は、子会社の社長としての土光を知っていたし、そもそも土光が入社したのは親会社だったから旧知の関係である。東芝の石坂は、石川島の社外取締役を長くやり、また土光にも東芝の社外取締役を長い期間にわたって依頼していた。二人の間の接点は多かった。行政管理庁長官の中曽根は、自民党幹部として経団連会長だった土光と直接接する機会が多かった。前項で紹介した総理大臣が土光に叱り飛ばされた会議にも、中曽根は出席していて、その場で土光をとりなす適切な対応をしていたのである。

こうした間近の観察の累積があったからこそ、土光の経営者としての力量、人間としての器、そして巨大なエネルギー量などを知っていた。だからこそ、再建の難題を持ち込む気になったのであろう。

さらにいえば、そうした力量やエネルギーをまわりから観察しやすい経営のスタイルやキャラクターを土光が持っていたことも、間近の観察情報が多くなった要因であったろう。土光の現場の達人ぶりも、凛とした背中も、外に見えやすいのである。

誰が見ても日本一の工場長と思えるような土光の現場好き、現場人間ぶり。誰から見ても自己を律する厳しさがよくわかるような、質素な日常生活と毎日の読経。土光の経営スタイルはわかりやすいのである。だから、土光に再建を持ち込む責任者のみならず、土光が乗り込むことになる組織の人々（つまりは再建の苦しみを納得して受け入れなければならない人々）にとっても、「あの土光さんなら」と納得しやすいのである。

## 読むのは時間のムダ？

前項に書いた「なぜ難題が飛び込むか」「何が再建役の条件か」は、この本全体のまとめでもある。その結論を説得的に展開するために、以下の評伝の本編があるようなものだが、しかし、土光自身は「自分の評伝などを読むのはおやめなさい、時間のムダだ」と言いそうだ。

土光は、自分の過去を語りたがらない人間だった。日本経済新聞に連載される「私の履歴書」というシリーズに土光が登場したのは、行革まっさかりの頃だが、それも行革の宣伝のためだったと思われる。本文中に、行革に関する話が不釣り合いなほどに多いのである。しかも、その新聞連載が本となった時の「はしがき」を、土光自身がこう終えている。

「ただ、読者のみなさまに一つお願いがある。

本書の中にある、行革の部分については読んでいただきたいが、私の個人的な経歴については、時間のムダであるから、なるべく読み飛ばしていただければ幸甚である」『私の履歴書』という本を書いておきながら、自分の個人的経歴は読み飛ばせ、とは人を食った話である。ただ、シャイな土光の性格からすれば、それも本音だったのだろう。しかし、行革の成功のためには、そのシャイさを振り払おうと土光はしていた。だからであろう、「私の履歴書」だけでなく、この時期に土光に関する本、土光の語り書きの本などが急に増えているのである。

本人は「読み飛ばせ」と書いているが、なかなかどうして、読む価値のある経歴であり、人生である。しかも、今、土光を語ることの現代的意義は、十分にあると私は思う。

それは、再建のリーダーのあり方を考える、という意義である。二十一世紀もすでに一七年も経って、あいかわらず経済も政治もぱっとしない感のある日本で、再建あるいは改革、さらには再構築を必要としている組織は、企業のみならず非常に多いのではないか。

危機に瀕しているというほどの劇的な苦境ではないかもしれない。しかし、それだけにかえって、「ゆでガエル」のようにいつの間にか体力を失っていく組織が随分と多い。それを「改革が必要」などと柔らかい表現を使わず、「再建や再構築が必要」と踏み込んだ表現をした方がいい組織や企業が多くないか。

今、日本の経営に問われている重要な問いは、再建あるいは再構築の哲学と個人的リーダーシップのあり方ではないかと思う。土光の場合、彼自身の人格を反映して、結局それが「現場の達人」「凛とした背中」という二点に集約されたというのが、この本の結論である。

「現場こそ、再建の原点」という当たり前のことの深い確認。現場の達人として、現場を元気づけ、現場に任せることが再建の最重要ポイントという哲学。

そして、経営者の凛とした背中で、再構築に前を向く人にも、再建でマイナスを負う人たちにも、説得力が生まれる。仕方がないと思われる。それが個人的リーダーシップである。

その二つを、土光敏夫という一人の名経営者の人生に即して、考えてみたい。

ただし、土光を語る時、そして読む時、身は引き締まるのだが、沸き立つ思いは生まれにくいのもたしかである。その理由は、一つには、再建だからつねにマイナスからのスタートなので、緊張はあっても夢は描きにくいからであろう。

もう一つの理由は、土光は最初は受け身で難題を引き受けてきたので、自分からの能動的な志を発揮するという場面が少ないことである。臨調で土光自身が「大欲」を見せ始めたのが、少ない例外の一つかもしれない。自らの志を掲げて、大きく前進を試みるという経営が少ないので、沸き立つ思いは少なくなりがちなのも、仕方がない。

しかしそれでも、土光は作家の城山三郎が言ったように、極上の特別天然記念物である。城山はこう言っている。

「一瞬一瞬にすべてを賭ける、という生き方の迫力。それが八十年も積もり積もると極上の特別天然記念物でも見る思いがする」（『私の履歴書』156頁）

特別天然記念物は、読み飛ばさずに深く考える価値が十分にある。読むことが時間のムダなどではないことをお約束して、土光の人生の物語を始めよう。

第1章

# 人間タービンの誕生

## 備前法華の腕白坊主

人間誰にでも、父母があり、故郷がある。しかし、その二つの存在がその人の人生にあたえる影響の大きさという点では、人さまざまである。土光の場合、その影響は巨大だった。序章で土光の毎日の読経を紹介したが、それらは父母と故郷の影響なのである。

土光が生まれたのは、岡山県御野郡大野村大字北長瀬字辻（現岡山県岡山市北区北長瀬本町）。現在は山陽新幹線の岡山駅からわずか五、六キロほどの住宅地になっているが、当時は水路のめぐる農業地帯であった。この地域は備前法華という法華宗（日蓮宗）の信者の多いところで、土光の父・菊次郎、母・登美も、その出身の両家も、すべて熱心な信者だった。土光は生まれて間もない頃から、法華経にどっぷりとつかって育った。

そして母・登美は、ユニークな個性と男勝りの行動力の人だった。その母が、太平洋戦争開戦直後に、自分がすでに七〇歳の高齢でありながら、「日本のために」と言ってほとんど独力で作ったのが橘学苑である。しかし母は学苑創立後ほどなく亡くなり、それを土光は自ら引き継いだ。それも、一生をかけて。それだけ、母の影響は大きかった。

朝晩欠かさない読経、大企業経営者にして質素な生活、女子学苑の理事長にして大寄付者、行政改革の鬼。常人には考えにくい組み合わせの人生を送った土光敏夫という人物が、どのようにして生まれ、どのようにして大きく育っていったか。

土光が生まれたのは一八九六年（明治二九年）九月一五日。日清戦争勝利の翌年であり、日露戦争開戦の八年前である。この年、死者二万人を数えた明治三陸大津波があり、詩人で童話作家の宮澤賢治が生まれた年でもある。

土光の生家は、土光自身が「中の上」という農家であった。土光は二男として生まれたが、長男が夭逝したので三男三女（英太、敏夫、義三郎、満寿子、節子、美子）の兄弟の実質長男として育てられた。土光の生家は今、「経王殿」という日蓮宗の道場になっている。

土光は小学生の頃から体は大きく丈夫に育ち、腕白も大好きで、大将格で遊び回ってもいた。小学校の運動会では大活躍し、また相撲も強かったし走り幅飛びも強かった。だが、小さい頃から半ば強制的に母親にお経を読まされた。その子供の頃からの読経について、土光はこう語っている。

「お盆のときなど、友だちが遊びにきても、お経をあげている間、外で待っててもらっていた。そのとき、母親をうらめしく思ったものだが、だんだん習慣になってくると、お経の意味もわかってくるし、それになりより〝安心感〟というか、一つの生活の基本

になるわけですよ」（『日々に新た　わが心を語る』９頁）

読経が生活の基本になったのは大人になってからであろうが、子供の頃は備前法華の伝統を色濃く継いだ、「備前法華の腕白坊主」だったのである。それは、自分で『私の履歴書』に書いているように、「なんの屈託もない子供時代」だった。

父・菊次郎は地元の大地主・土光家の分家の三男坊に生まれ、相続した土地は一町歩。だから土光の家は分家の分家になり、土光総本家の三百町歩と比べるとその土地ははるかに狭い。菊次郎は体が頑健ではなく、早くから農業をそこそこに農業資材などの小売商を営んでいた。心の優しい正直者の菊次郎は、商売はあまり上手くなかったらしい。土光はその父の仕事をよく手伝った。

たとえば、岡山市内まで片道二時間の道のりを、父の商う米や肥料あるいはイグサを載せた舟を肩に綱をかけて掘割の中を曳いて行く。また、商品である米の俵を舟に載せたり降ろしたりする。だから土光は小学生の頃にすでに、四斗の米が入った米俵を一人でかつげた。大変な体力である。後の土光の頑健な体力は、こうして故郷が育んだものなのである。

さらに、岡山市内までの掘割の舟曳きは、肩で曳くだけだから歩いている間の自分の手は空く。つまり、岡山との往復の間に、二時間も集中して本を読むこともできた。二宮金次郎は背に薪を背負って歩きながら本を読んだという逸話があるが、土光の場合は舟を肩で曳きながらの読書、という逸話になるのである。土光は終生よく本を読む人だったが、そのくせはこの掘割往復でついたのかもしれない。

## 大いなる母

しかし、父・菊次郎よりも母・登美が土光に与えた影響の方が、圧倒的に大きかったと思われる。

登美の死後、一七回忌に登美が創立した橘学苑から登美の追憶集『たちばなのかおり』が出版された時、土光自身がその中でこう書いている。

「母の想い出は尽きない。何から書いたらよいのか、まったく途方にくれる。世の誰も母の印象が一番強いが、私の場合はさらに一層強く、今でもまだ物心のつかない幼い時からの記憶が強く私の心に焼付けられていて、いつでも数知れない多くの印象が、ありし日のように鮮かに私の頭に再現されて来る。それ程多くの想い出を、しかも強く私に与えてくれた母は、今でも私には生きた存在である」(『私の履歴書』43頁)

この時土光は六六歳。すでに石川島播磨重工業の社長になっていた。その年齢で、こう書くのである。現代風にいえば、マザーコンプレックスという表現があてはまる面もあるのかもしれないが、それをも超えた「帰依」という言葉にも近い感覚のように見える。

たしかにそれほどに登美は強烈な個性と行動力の持ち主だった。

登美は、岡山・池田藩の藩士の家であった伏見家に生まれ、一八歳の時に菊次郎のところに嫁いできた。子供の頃から向学心の強い子供だったし、父親が熱心な法華宗信者であったことも影響して、幼い頃に法華経を暗唱していたほどだった。登美もまた、熱心な備前法華の一人だった。

当時は女性が小学校へ行くこともそれほどふつうではなかったが、登美は小学校へ通い、そして卒業するとさらに東京へ出て勉強をしたくて、家出の準備までしたほどだったという。しかし、親を悲しませるわけにはいかなかったのであろう、その思いは実行に移されることはなかった。

しかし、向学心が強く、真理を探究しよう、合理性を重んじようとする姿勢は鮮明だった。たとえば、夭逝した長男の英太が死んだ直後のことである。悲しんだ登美は一カ月墓参りをし続けて、その精神状態を周囲の人たちに心配させたが、やがて立ち直った登美はその後の出産の際には当時としては異例の胎教を試みたり、科学的育児法を研究したりしたという。

登美はまた、農家の女性がふつうは読まないような、社会を論じる、いわゆる固い本を読んでいたという。たとえば、三宅雪嶺が創設した『日本及日本人』という雑誌である。あるいは、土光の弟・義三郎が京都帝国大学経済学部へ進学した後の話だが、当時の左翼系経済学者として名を馳せていた京都帝大教授・河上肇が開いていた「マルクス論」についての特別講座を、岡山から京都まで聴講に行ったりした。

それだけの社会意識の深さだけでも大したことであるが、しかし登美は河上の講義に深く感じることがありつつも、日蓮上人の立正安国論（日蓮が鎌倉幕府に建白した国難への警告の書で、なぜ法華経が正しいかが対話形式で書いてある）と趣旨が大きく違うと違和感も持った。そこで岡山に帰って一週間、南無妙法蓮華経のご本尊と対座して考え抜いた。そして、「日本は古来、天皇を中心とした国である。今日それを無視するとき、マルクス主義など信ずるべきでない」と覚るに至り、お題目を唱えたという（『無私の人』129頁）。

この行動力と探求心は、驚くべきものである。だが登美はたんに理屈っぽかったという人ではなかった。土いじりの好きな、自然を愛し、自然から学ぶ人でもあった。登美はしょっちゅう自分の家の樹木の植え替えをやっていたという。木をよりよい環境に移して、その木の生命をより大切にしてやりたい、という思いだったらしい。しかも土光家には植え替え対象の木が沢山あった。近所のどこの家よりも多種多様な果物の木があったのである。

それらの木になる実を家族や近所の人と分け合うのが、登美の楽しみの一つであったのであろう。そして、近所の人がさまざまな相談などで登美をひんぱんに訪れ、土光家は人の集まる場だったそうだ。

何とも大きな母である。

## 四度の挫折

大いなる母に育てられた、腕白坊主。

たしかに土光は、通っていた大野小学校でも運動会での活躍など目立った存在で、周囲の子供たちからも一目置かれた大将格だったらしい。しかし、「屈託のない少年時代」を満喫したせいか、中学受験には三度も失敗している。

土光は小学六年生の時に、県立岡山中学（現在の岡山朝日高校）の入試を受けたが、あえなく不合格。その後は大野小学校の高等科へそのまま進み、一年にわたって同じ岡山中学を受験したが、それも失敗した。つまり、三度受験して、三年連続不合格という挫折であった。岡山中学は県下の秀才が集まる名門校、入試の倍率は一〇倍もあったという。

それで、私立関西中学（現在の関西高校）も三年目に受験し、ここには合格した。もっと早くから私立に方向転換すればよかったようなものだが、それほど豊かではなかった家計を子供心にも案じていたのだろう。土光自身は、三度の不合格の理由を『私の履歴書』でこう書いている。

「失敗の原因は、もともと私の鈍才によるのであろうが、受験勉強より腕白の方が好きだった性格にもよる」（『私の履歴書』27頁）

しかし、関西中学で土光は偉大な人格に出会うことになる。岡山中学受験不合格も別のご褒美が用意されていたのである。それは、校長の山内佐太郎であった。山内は、土光が中学三年生の時に、千葉県の佐倉中学校校長から関西中学へ赴任してきた。そして、五年後には兵庫県の明石中学の校長となって転出しているから、その短い五年の間の三年間、土光は山内校長の薫陶を受けたのである。

山内が定めたと思われる関西中学の校訓は、その後の土光の人生を暗示しているものである。

第一　至誠を本とすべし
第二　勤勉を主とすべし
第三　徳操を体とすべし
第四　知能を用とすべし
第五　報告を期すべし
第六　国士魂を養うべし

こうした校訓が、「単にお題目に終らず、各先生がみなその精神を信奉していた。みずから実践することによって、生徒たちに浸透させようと努力されていた」という。土光の意見である（『土光敏夫大事典』25頁）。

とくに、国士魂を間違いなく土光はその後の長い人生でも養っていくことになるし、至誠と勤勉についても、彼の一生の基本であろう。

山内校長を「偉大な人格」と土光が言っているのは、山内自身が自らの行動と背中でこうした校訓を体現しようとし、また進取の気概に燃えていた姿を見せたからであろう。たとえば、土光が関西中学を卒業した年の五月、山内は自費でアメリカへ教育視察の旅に出ている。当時、第一次世界大戦のさなかである。そして帰国するとすぐに、『米国教育概観』という五〇〇頁を超える本を出したという。

こうした恵まれた環境の関西中学を、土光は二位の成績で卒業する。一位でないところがご愛嬌といおうか。柔道も強かったという記録が残っている。小学校時代と変わらず、体を鍛えることにも十分な時間を割いていたのである。そして土光は、関西中学で「敏さん」と呼ばれ、仲間のボス的存在だったようだ。何かもめごとがあると仲間は土光のところに相談に行き、そして土光が出ていくと騒ぎがおさまる。後の「再建男」の片鱗はこの当時からあったのであろう。

土光は関西中学卒業後、ただちにエンジニアになるべく、東京高等工業学校（現在の東京工業大学）機械科を受験する。

当時、中学を卒業してからの進学先のコースとしては、高校から大学、専門学校としての高等工業あるいは高等商業、あるいは陸軍士官学校か海軍兵学校、という三つのコースが典型的であった。そのうち、土光は高等工業コースを選択した。家計の関係で高校から大学へのルートが六年間かかるのを避けて、三年間の専門学校を選んだのである。また、伯父の土光常次郎がエンジニアとして活躍していたのも、商業でなくて工業を土光が選んだ理由の一つであろう。

全国の高等工業学校の中で、東京高等工業は最難関であった。そこに挑戦した土光は、あえなく失敗。ここでも挫折を味わうことになる。そして、一年間、郷里の母校・

大野小学校の代用教員を務めながら、受験勉強に励んだ。

この代用教員時代の土光は、子供たちに慕われたいい先生だったようだ。とくに、他の先生がいやがる宿直を積極的に引き受けて、その時間を受験勉強にあてるかたわら、子供たちを宿直室へ呼んで補習も手伝っていた。後に土光は石川島造船所へ就職した当初、現場の少年工たちの夜の勉強会を主宰するが、その原点がここに見える。

こうした受験勉強の甲斐があって、翌年、土光は見事にトップの成績で東京高等工業機械科に合格した。合格発表を見るとうれしくてすぐに母に手紙を書いたことを、土光は後々まで覚えている。ここにも、母を想う土光の姿があった。

## ――蔵前で、現場に出合う

一九一七年(大正六年)四月、土光は東京高等工業へ入学した。二〇歳になっていた。途中で道草を食っていたから、同期生よりは二、三歳年上の新入生だった。そして、入学試験トップの学生が指名される生長(学生の長という意味であろう)に学校側から指名された。機械科同期生八〇名のリーダーである。年齢も、成績も、そして性格も、土光にはクラスのリーダーとしての位置づけが似合った。

東京高等工業という学校の基礎を作ったのは、その前身の東京職工学校が一八八一年に創設された際の中心人物の一人で、一八九〇年から東京高等工業の校長を二五年の長きにわたって務めた手島精一であった。手島が校長に就任した年に学校名が東京工業学校に改称され、そして一九〇一年に再び東京高等工業学校へと変わる。そうした学校の名称変更は、日本の工業技術教育が進化していくことの象徴であった。一九一五年に手島が東京高等工業の校長を退任するまで、手島は日本の工業技術教育のパイオニアであり続けた。

その手島が学校を去って二年後に土光は入学したのだが、手島の教育理念は生き生きと受け継がれていた。「職工学校」という設立当時の学校名が示唆するように、その理念は徹底的な現場主義であった。理論や理屈よりも、まず専門の技術や知識を身に付けることに徹し、よき技師になれ、という教育だった。学生たちは午前八時から午後四時まで、毎日七時間しごかれた。

この学校の同級生として、土光は終生の親友で自分の妹が嫁ぐことになる小倉義彦(のちに東芝専務)に出会う。その小倉が、東京高等工業での教育をこう語っている。

「東京高工時代のぼくたちは、理論を学び理屈をならべてどうこうというより、とにかく作って、実際に自分で仕事をやって、日本の工業の発展のために、働こうという考え方だった。

当時の大学生は、最高学府だというので、高いプライドを持っていたらしいが、ぼくらにはそんな考え方はなかった。とにかく実力で行け、職業学校だから、作業服に身を包んで、どしどし働け、という実力主義が校風だった」(『無私の人』42頁)

土光はこうして、工場の現場主義に早くも高等工業時代に出合ったのである。それは、後の現場の達人・土光敏夫の原点の一つとなった。

当時の東京高等工業の校舎は、旧国技館近くの東京・蔵前にあった。だから、この学校のことを蔵前(蔵前高等工業)と呼んだりする。学校のそばの掘割を一つ隔てて、東京でも有名や花柳界である柳橋があった。芸者置屋がズラリと並び、夕方などは化粧の香りがただよう下町の界隈だった。

もちろん、貧乏学生の土光には柳橋を楽しむ余裕などない。母の登美が「田畑を売っても敏夫の学費を出す」と言ってはくれていたものの、生活を切り詰めなければならなかったのである。そこで、一年目は友人三人と一緒に家を借りて自炊生活。二年目からは有名な株屋の家の住み込みの家庭教師をした。そこでもらう収入は大きく、かえって田舎に仕送りができたほどだという。もちろん、おカネに多少の余裕ができてみっちり勉強もした。

学校が忙しく実験に明け暮れた一方で、土光は読書にも熱中していた。吉野作造や河上肇の本も読み、マルクスの『資本論』も読んでいた。幅広い読書の習慣はこの頃からのものである。もちろん、娯楽がゼロだったわけではない。ボートの応援（隅田川のクラス対抗ボート競技が蔵前では盛んだった）、寄席通い、そして寄席の帰りの立ち食い寿司など、青春を同級生たちと謳歌する時もあった。

そんな中、三年生の時に高等工業の大学昇格問題が勃発する。その時の土光の対応が、いかにも後年の土光を彷彿とさせる、彼らしいものであった。

文部省の制度変更があり、高等商業学校と高等工業学校も大学へと昇格することが制度的に可能になったのだが、東京高等商業（現一橋大学）は大学昇格が認可されたにもかかわらず、東京高等工業は結果として大学昇格がすぐには認可されなかった。それは約束が違う、と学内は大騒ぎになり、ついに時の文部大臣の自宅へデモをかけようということになったのである。

土光は実は、大学昇格には反対であった。大学ではない地味な高等工業教育にも意義があると思い、その上、大学に昇格してしまうとさらに三年間学生生活が延びてしまう。学費の負担を気にしたのである。だが、生長をしている以上、学内の意思が昇格賛成となれば、自分も賛成せざるを得ない。

それでも、多数の昇格嘆願署名が集まっただけの段階では、土光は無意味だと思い、それを握りつぶした。しかし、デモをかけるというのであれば、先頭に立たないわけにはいかないと思った。自分の立場、役割を、自分個人の意思よりも大切にして責任をとるのである。

結局デモは行われ、土光はその先頭に立ったが、陳情自体は不発に終わった。こうして、大学昇格はすぐには実現せず、土光は無事（?）三年で卒業できることになったのだが、悪いことにそのデモの写真が雑誌に掲載されてしまった。その写真を見た人が、登美にそれを教えた。それで母を心配させたらしいことが、むしろ土光の大きな関心事だった。

## ——タービンとの出合い、就職、スイス留学、そして結婚

蔵前三年生の夏休みに、土光はとぼしい貯金をはたいて北海道旅行へ出かけた。その旅行の予算があまった状態で東京へ帰ってきた土光は、神田の古本屋街へ本をあさりに出かけた。そこでたまたま、『スチーム・タービン』という本の邦訳書を見つけ、旅行予算の余りのおカネで購入した。これが、土光とタービンとの本格的な出合いの第一歩

で、たちまち土光はタービンに魅了された。

タービンは蒸気や高温ガスの噴出力をプロペラで受け止めて、そのプロペラを装着した軸の回転運動に変える機器である。船舶や工場の大型エンジンあるいは発電機など高出力の回転運動を必要とする機械の基幹部分である。タービンは当時、学校でもとくに教えてくれる教授もいないような先端分野で、しかも動力の変換という時代が要請する新技術であった。それが、若い土光を魅了したのだろう。

のちに土光はタービンの専門家、タービン人間となっていくのだが、そのきっかけがこうして蔵前からほど遠からぬ神田の町で偶然に生まれていた。

三年生といえば高等工業の最終学年である。土光が、就職先を決める時期がきた。おそらく土光の最大の条件は、タービンの研究を現場でできる会社だったのだろう。

土光は、石川島造船所（以後、石川島）という造船と陸上大型機械（蒸気機関、発電機など）の分野の会社を就職先に選んだ。現在の石川島播磨重工業（ＩＨＩ）の前身だが、当時は従業員規模一〇〇〇名程度の中堅企業であった。しかし、タービンに積極的な会社だった。東京の中央区佃島に本社があった。

石川島の初任給は満州鉄道や三菱のような大手企業よりは安かったが、タービンをやらせてくれることと「入社後三年以内に洋行させる」という条件がとくに土光は気に入ったらしい。のちに土光はブラジルやシンガポールへの会社の海外進出を指揮するのだが、海外志向はすでにこの頃から強かったようだ。

実際、土光は入社後すぐにタービン設計課に配属となり、辞書を片手に外国の文献を読み、試作に取り組んだ。ただ、新しいタービンに取り組んだ時、ドイツの科学雑誌のバックナンバーを山ほど取り寄せたのはいいが、これを読みこなすためには睡眠時間を切り詰める必要があった。自分のドイツ語の読解力と資料の量を比べて計算すると、一日五時間の睡眠しか取れないという計算結果になった。土光はそれを実行しはじめた。

その実行は次第に習い性となり、夜一一時就寝、朝四時半起床という生活パターンができた。土光は結局、終生この生活パターンで行くことになる。後年の土光の朝の起床の早さと朝の読経の時間は、ドイツ語文献との格闘が生んだという側面もありそうだ。

そして、土光は入社二年後の一九二二年一月、石川島が独占製造販売契約（地域は東洋）を結んだスイスのエッシャーウィス社へ派遣されることになる。エッシャーウィス社は当時の世界のタービン最先進企業の一つで、この派遣はいわば研究留学であった。土光の石川島入社は一九二〇年、エッシャーウィスと石川島が独占製造販売契約（と同時に技術導入契約）を結んだのがその翌年の一九二一年だから、土光の入社前からエッシャーウィス社との交渉は進んでいたのであろう。その交渉の行く末を見越して、会社側は土光の入社前に海外派遣の約束をしていたものと思われる。

　スイスへの出発の直前に、土光に結婚話が持ち上がる。石川島の上司、栗田金太郎（当時、取締役。土光と同じ蔵前出身）が土光のことを大いに気に入って、娘の直子との縁談を持ちかけたのである。直子は東京府立第五高女卒の才媛であった。土光は、双方の親立ち会いのお見合いをしたのち、縁談の件は母・登美に任せてスイスへと旅立った。登美はその後に栗田家を訪れて、質素な生活ぶりと親を大事にする家風が気に入り、二人の結婚を決めている。

　スイス時代の土光は、現場で油にまみれて働くか、あるいは技師たちと議論をするか、このどちらかであったという。はじめは言葉の問題で苦労したが、一、二カ月もすると早くも侃々諤々と議論し始めたというから、語学のセンスもあったのであろう。それに、技術者同士でしかも部品や機械あるいは図面というものを目の前にしての会話だから、意は通じやすかった。

　もっとも土光は現場の議論を離れて、スイスの山中にスキーに出掛けることもしばしばであった。後年に宴会嫌いで有名になる土光だが、その気味がすでにこのスイス留学当時からあったのか、土光自身がスキーの山行きについてこう語っている。

「あちらの人は、やれ誕生パーティだ、やれクリスマスだ、やれ何々記念日だといっては、ダンスパーティをよく開く。私はダンスが苦手なのだが、向こうとしては、遠い極東から来てさぞ寂しかろうと、熱心に誘ってくれる。親切心からだけに、こちらは断りにくい。

そんなとき、私はスキーをかついで山の中に逃げることにしていた。しょっちゅう、山に逃げていたので、お陰でスキーはうまくなった」（『私の履歴書』74頁）

こうして土光のスキーの腕前は上がった。そして、帰国に際してあちら製の立派なスキー道具も持ち帰り、日本では石川島の設計課の連中に当時は珍しかったスキーを教え、休日に上信越方面にスキー旅行に出かけていた。後年のモーレツ人間、ゴルフもせずに休日は畑仕事という土光の姿とはかなり違った様子だった。

土光は二年九カ月のスイス生活を終えて一九二四年一〇月に帰国すると、その一カ月後に直子と結婚式をあげる。土光二八歳、直子一九歳であった。新居は、栗田家が渋谷に近い青山高樹町に用意した一軒家であった。同じ敷地の別棟に直子のおじたちも住んでいた。

しかし甘い新婚生活というようなことはあまりなかったようで、事実、結婚後二年すると登美が土光の妹たちをつれて上京、この家で同居することになるのである。夫・菊次郎を岡山に残して、日蓮信仰をきわめる活動が主目的の上京であった。実際、登美は国柱会という日蓮宗関係の団体に入り、青山高樹町の家には宗教関係者が多く出入りするようになる。登美はとうとう五四歳で東京進出の夢を果たしたことになる。

## 現場の心に寄り添う、人間タービン

スイスから帰ってからの土光は、ますますタービンにのめり込む。タービン人間となっていったのである。そして土光は、しょっちゅう現場に足を運んで、現場を非常に大切にした。蔵前での教育の通りであった。

土光は、現場の心を摑《つか》んでいくのがうまかった。自然にできた。また、現場の職長とも懇意になっていくのだが、彼らの信頼を得るまでのプロセスも工夫した。

たとえば、設計図通りに部品を精密に作らない現場があった。それで、部品と部品の間にすきができる。そのすき間の大きさを確認するための質問を、土光は現場へ行って職長にする。相手は最初は、よく調べもせずに「これこれの大きさ」といい加減な答えをする。土光はそれをそのまま聞いて帰り、翌日また同じことを聞きにいく。そうすると相手は、前日に自分が言った数字を忘れているから、そこで土光は相手に自分ですきの幅を測らせる。その測定値は前日に言った数字と当然違う。それで土光が怒るというようなことを繰り返していると、向こうはウソも言わなくなるし、すきを小さくしようと努力をするようにもなる。また、土光に一目置くようになる。

職長に厳しい態度をとるだけでなく、土光は少年工には優しかった。彼らの技術水準を上げようと、夜間教室を開くのである。土光自身が講師となって、初歩の機械工学や電気工学を教えた。工場の仕事が終わった後なので、若い少年たちは当然に腹が減る。土光は自費でうどんを取り寄せ、みんなでふーふーとうどんをすすりながら勉強に精を出すのである。

こうして現場の心に寄り添うような現場人間になっていく土光は、しかし上司に対してはかなり容赦がなかった。間違ったことは間違っていると、指摘するのである。部長に向かって「それは間違っている、こうでなくてはダメです」と大声でやり合っている土光の声を隣の部屋で聞いた人は、勇気がある人だと思ったという。また、設計図のミスをした部下にものすごい声で怒鳴っている土光を見た人もいる。後に土光は「怒号さん」と時の副総理・福田赳夫から言われるほどに、誰にでも大声ではっきりした物言いをするようになるのだが、その片鱗は若い頃にすでにあったのである。

土光の仕事の仕方は、このように猛烈であった。そして、体力もあるので仕事へのエネルギーもすごい。それを見た周囲の人たちがいつのまにか土光のことを「人間タービン」と呼ぶようになる。タービンのように猛烈に回転して、かつものすごく大きな音を出す人間という意味である。タービン人間が、人間タービンになっていったのである。

その仕事ぶりを示すエピソードの一つが、発電機用タービンを当時の秩父セメントに売り込みに行った時の話である。

それは、一九二九年のことだった。当時、石川島は海軍艦艇向けの蒸気タービン技術でトップを走っていたが（エッシャーウィス社からの技術導入契約も船舶用蒸気タービン技術だった）、一九三〇年のロンドン軍縮会議に至る大幅な軍縮の動きの中で、艦艇用タービンの需要は激減していた。そこで、地上タービン、とくに発電機用タービンの需要開発が石川島のタービン部門としては大きな課題であった。そこに、秩父セメントが当時の国内最大級のタービンの導入を考えている、という話が持ち上がった。

その頃の技術水準の世間的評価で考えると、その候補は当然に外国製となる。土光は国産技術の水準を信じていたし、何より国内最大級のタービンを外国製にとられては国産技術の奨励にならないと考えた。スイスから帰って五年、土光は多くの他社のタービンの修理の仕事を積極的に引き受けていたが、その多くが外国製であったため、自分たちの技術と外国製の技術との差があまりないことをすでに実感していたのである。

土光は一介の技術主任でありながら秩父セメントへの売り込みを自ら申し出て、先方のトップに直談判に及んだ。「技術には絶対の自信がある、使ってもみないで外国製に劣ると言わないでほしい」と言うのである。しかし、先方も簡単には信じない。そこで、「納入後に万が一、欠陥が判明したら、自分たちの指定する外国製のタービンを君たちの負担で買って再納入してくれるか」と向こうのトップが言った。おそらく、そこまで言えば引き下がるだろうと思ったのであろう。

土光は一瞬たじろいだ。しかし、すぐにきっぱりと「その条件で結構です」と答えてしまった。会社に持ち帰って上司と相談しますなどと言わないのである。土光のイエスには、向こうも驚いただろうが、石川島の社内もびっくりした。一介の主任技師がそんな安請け合いをするとは何事だというわけである。そして、納入を辞退すべきだという意見も強く出てくる。

もちろん、土光にやらせてみたらいいという意見もあった。土光は、いざ失敗したら自分が腹を切ればいい、という覚悟だったというが、主任技師が責任を取れるような損害額ではない。だが最後はトップの決断で、この条件を呑むことにした。この決断の背景には、土光が取締役の栗田の娘婿であったことが作用していたことも考えられる。

石川島の決断には秩父セメントの方がびっくりしたかもしれない。しかし、それまでの交渉のプロセスで土光が何を聞いてもしっかりした答えをしていたので、秩父側の信頼も高かったようだ。彼らとしても、万が一の再納入などの面倒なことはいやなはずでである。

交渉決着の後、土光は毎晩、星を見ながらの帰宅となった。現場に泊まり込むこともあった。そうした土光たちの努力が実って、試運転も一発で成功し、無事納入されたタービンは秩父セメントで動き出した。一九二九年、土光はまだ三二歳であった。この年に、土光は自分としては最初の特許を「推力軸承の改良」でとっている。

## 石川島芝浦タービンへ、そしてアメリカへ

この成功で、石川島のタービンは外国製よりもいい、という評判が業界で高まった。よほどそのインパクトが大きかったのであろう、『石川島重工業108年史』はこのタービンの写真を掲載し、土光などの人名は一つも出してはいないが、誇らしげにつぎのように書いている。

「本機はたんに容量において最大級であるばかりでなく、いっさいの外国の設計・特許によらない純国産であった点にその類を見なかった」

そして事実、石川島は大型地上タービンの記録を塗り替える受注に次々と成功してい

く。秩父セメントへ納入したタービンの規模は七五〇〇キロワット（発電規模）であったが、その翌年には八幡製鉄所向けの当時のわが国最大の二万五〇〇〇キロワットタービン、さらにその三年後の一九三三年には関西共同火力発電向けの五万三〇〇〇キロワットタービン……と破竹の勢いであった。

たんに受注が続いたというだけでなく、技術的な難度が高くなる大規模化をすさまじいスピードで成功させているのである。秩父セメントから関西共同火力まで、たった四年間で納入するタービンの規模は七倍にもなっている。人間タービン土光の超高速回転の活躍が、目に見えるようである。土光は機関設計の課長に昇進していく。

時代の動きも、タービンへの需要を大きくする方向へと動いていったと思われる。日本が戦争の時代に突入し始め、海軍向けの船舶タービンも、軍需産業での発電機用陸上タービンも、ともに需要が拡大していったのである。関東軍が満州で満州事変を起こしたのは、一九三一年のことだった。

タービンのみならず、石川島の造船部門も軍需を中心にこの時期大きく成長した。それを象徴するように、この時期の石川島の社長は元海軍中将の松村菊勇であった。松村は、一九二五年に顧問として入社し、一九三三年から一九四一年まで社長を務めた。

松村は、一九三六年に芝浦製作所と石川島との合弁で、石川島芝浦タービンという新会社を作ることを芝浦製作所（東芝の前身の会社の一つ）と合意した。発電機分野に強かった芝浦製作所の発電機部門と土光の得意分野である石川島の地上タービン部門を合体させ、発電機用タービンと発電機の企業として成長しようとしたのである。

発電機とタービンはセットで現場に据え付けられるのだから、技術的にも合理的な協力関係であった。そして実は、それまでもすでに石川島の発電機用タービンはすべて芝浦製作所の発電機とセットで客先に納入されており、両社はきわめて緊密な協力関係にあった。しかも、この合弁発足のかなり前から石川島のタービン生産は、芝浦製作所鶴見工場の敷地の一部を借りて行われていた。

石川島は土光が研究留学に行ったスイスのエッシャーウィス社との技術提携とそこからのノウハウの蓄積があり、芝浦製作所はアメリカのGE（ゼネラル・エレクトリック）との技術提携があった。それぞれのノウハウや特許使用権を合体させると、発電機器とタービンのきわめて強力な存在になれる、というのがこの合弁の大きな狙いであった。

しかし土光はこの合弁に反対し、社長の松村のところにねじ込んでいった。GEの技術を使う芝浦と合体すると、エッシャーウィス社の技術をもとに純国産化を追求してきた石川島の技術路線を変更せざるを得なくなる、というのである。また、エッシャーウィス社との関係もおかしくなるかもしれない。

それは、技術者土光としては無理もない意見なのかもしれない。しかし、経営者の立場に立った時は、大きな事業合理性としては勝ち目の小さい議論であった。やはり土光の意見は聞いてもらえず、逆に土光は新会社の技術部長を命ぜられた。それは当然でもある。土光は石川島のタービンのエースになっていたのである。この時、土光は三九歳であった。スイスから帰国して、すでに一二年の歳月が流れていた。

この新会社赴任が結果として、のちに社長として外部から招聘される東芝と土光との、最初の接点となった。芝浦製作所は新会社発足の三年後の一九三九年、東京電気と合併し、東京芝浦電気（現在の東芝）となる。しかも石川島芝浦タービンの資本金は石川島四九%、芝浦五一%であったから、資本関係では芝浦側の方が強い合弁であった。つまり、一九三九年からの土光は、東芝の子会社の社員となったのである。

石川島芝浦タービンの創立式典は一九三六年六月に行われたが、その式典で新会社の職員を代表して宣誓することになったのは、皮肉にも新会社設立に反対した土光であった。それだけ土光は新会社の重要メンバーだったのである。そして、式典の直後に土光は技術部長としてアメリカのゼネラル・エレクトリック（GE）への長期研修に旅立った。数名のメンバーとともに、GEの技術を学ぶだけでなく、新会社の鶴見新工場建設計画を研究するためであった。

この年の二月には、陸軍将校の反乱である二・二六事件が起き、日本全体が一気に軍国傾斜と対米強硬姿勢を強めていく。それを横目にしての五カ月のアメリカ滞在は、土光に何かを考えさせずにはおかなかっただろう。

GEでの研修を終えた土光は、その後は欧州に渡り、ソ連、中国をシベリア鉄道経由で経て、一九三七年二月に帰国する。半年を超える世界一周の旅だった。一九二二年のスイス、一九三六年のアメリカ、と土光はこの時代の日本人には珍しく幅広くかつ多様な海外経験をした人間の一人だった。

そして、帰国の五カ月後の一九三七年七月、土光は四〇歳で石川島芝浦タービンの取締役となる。人間タービンがタービン会社の未来を担うことになった。

しかしこの同じ月、日中戦争が北京郊外の盧溝橋での一発の銃声から始まった。土光にとっても、日本にとっても、本格的な戦争と苦難の時代が来たその時期に、土光は会社の中枢を担うことになったのである。

そしてこの頃、土光は子供時代に日課のようにしていた法華経の読経を、再開した。その後はそれが終生の日課になっていくのだが、この読経再開は自分と日本のおかれた当時の状況のもとで、土光が心の安定を保つための「安心感」のよりどころを求めたくなっていたからかもしれない。

# 第2章

# しょっぴかれるように、本社社長に

## 戦争の時代

石川島芝浦タービンの取締役になった土光だが、実際の仕事には大きな変化はなく、技術部長として優秀なタービンを作る仕事に邁進した。みんなで議論し、現場で一緒になって働くというスタイルも変わらない。また、新規納入品の組み立てや既存のタービンの修理も自社・他社を問わずにどんどんやり、全国を飛び回った。土光自身も席の温まるヒマはなく、石川島芝浦タービンとしても発足当初から次々と大きな注文をこなしていった。

土光が石川島芝浦タービンの取締役になったのとほぼ同時に、石川島芝浦タービンの設立時の取締役でもあった岳父の栗田金太郎が、石川島の取締役を退任している。土光へのバトンタッチがあったかの如くである。そしてその翌年（一九三七年）には鶴見に本社新工場が完成。機械設備三〇〇台を擁する最新鋭工場だった。石川島芝浦タービンの出発は、きわめて順調だった。

それは、戦争の時代のおかげでもあった。艦艇用の船用タービン、軍需に支えられた重化学産業向けの発電機などの陸上タービン、ともに戦争の時代には需要が拡大するのである。

そして一九四一年、日本は太平洋戦争に突入し、対米戦争の時代になる。ますます、海軍向けの船用タービンの需要が大きくなり、さらに陸海軍の航空機エンジン用排ガスタービンの需要も拡大してきた。そこで石川島芝浦タービンは、一九四三年に航空機用排ガスタービンと過給機（現在の自動車のターボチャージャーと同じ原理のもの）を生産することを目的に、長野県松本に大工場を建設した。この頃には専務に昇格していた土光は、こうした新工場の建設や運営の中心的役割を果たす人間になっていた。

新工場を鶴見近辺でなく松本に作ったのは、すでに始まりつつあった本土空襲の戦火を避ける目的もあったのであろう。松本近辺にはさらに辰野、木曽、伊那と、さまざまな分野の工場を石川島芝浦タービンは作っていった。いわば疎開生産である。土光の家族もこの頃からすでに松本に疎開していた。しかし、まだ鶴見の工場も大きな拠点だったから、土光は鶴見と松本の両方の仕事で両地をピストン往復する生活となった。

この時期、土光は陸海軍の将校たちからも信頼と尊敬を集める存在になっていた。それを間近に見たのは、のちに東芝で土光の部下となる杉本辰夫である。杉本は陸軍航空技術の短期現役として軍需省航空兵器総局原動機課に勤務している頃に、土光と出会っている。土光への軍需省の特命は排ガスタービンの生産であったが、土光は「やる」と返事したことは必ずやり遂げたが、できないことには「できません」とはっきり断った。なかなか軍からの特命にはっきりと断る雰囲気などないこの戦時に、この態度は立派でありかつ土光は実行力もあったので、将校たちにかえって信頼されていたのである。

一九三〇年代半ばに海軍軍令部課長だった戸塚道太郎（終戦時に海軍中将・横須賀鎮守府長官）と土光が深い信頼関係で結ばれるようになったのも、戦時のこうした交流のたまものであった。艦艇用タービンの開発プロジェクトを通しての付き合いだったようだ。その信頼関係の深さを象徴するのは、のちに民間の無役の人間になった戸塚がガンに冒された時、すでに東芝の社長になっていた土光が戸塚の世話のために病室にたびたび赴いていたことである。土光のように重い社会的仕事をしている人間が、一民間人の病気の世話をしに行くのである。戸塚のご子息もその姿を見て、意外だったという。

技術者として仕事に誠心誠意取り組む、データと信念の両方に基づいてきちんとした判断をつねにする、国のために困難な技術開発にも懸命に取り組む、そうした土光の無私の姿勢と背中が、陸海軍の将校たちの信頼を勝ち取らせたのであろう。

## 母・登美が橘学苑を創立

こうして土光が戦時下の日本で技術者として懸命に生き、大きな活躍をしている一方で、母・登美もそれに負けないような大きな仕事に取り組んでいた。当時の物資不足の中で、七〇歳に近い老女性が徒手空拳で女子教育のための学苑（橘学苑）を創立するという大仕事である。

すでに前章で書いたように、母・登美は二人の下の子供とともに一九二六年には東京に出てきて、青山高樹町の土光の家に同居していた。日蓮宗関係の宗教活動が上京の主な目的だったと思われる。夫の菊次郎は、岡山暮らしだったが、時々は上京していたようである。

一九三九年六月、菊次郎と登美の金婚式の祝いが東京で行われた。その頃から、土光は二人の隠居所を東京近郊に建てることを考え始めた。そして、石川島芝浦タービンの本社工場に近い、横浜市鶴見の獅子ケ谷に格好の土地を見つけた。富士山の見える高台で、会社所有の土地も近くにあったこともあり、土光も土地勘があったのであろう。

登美もこの土地が気に入り、隠居所の建設がすぐに始まったのだが、その完成を前に菊次郎は四〇年九月に逝去してしまう。そして、隠居所が完成して登美が娘とともに移り住んだのは、四一年になってからであった。当時、青山から鶴見まで通勤していた土光のためにも、鶴見・獅子ケ谷に家があることは便利だと思ったのであろう。

こうして隠居所の構想が生まれ実現していく時期は、日本がますます戦争と軍国主義にのめり込んでいった時期と重なっていた。登美は、戦争への道を歩んでいる日本に対して、自分は何ができるかを考えた。そして、「母親が赤ん坊をむつきのうちから戦争などしない人間に育てるように」としっかりした女子教育の場を作ることが自分の仕事だ、と思い定めた。

登美はだいぶ前からこの構想を周囲にもらしていたが、その実現へ実際に動き出すことを菊次郎の一回忌の席で宣言した。四一年九月のことである。すでに土光をはじめ家族が反対であることを承知の上での、決意宣言であった。もちろん、家族はあらためて大反対した。登美は七〇歳を超え、学校設立のための財産が家族にあるわけでもない。土光はタービン技術者として忙しさ真っ盛りの中で、手伝うことなどとても無理である。さらに、戦争中で物資不足もひどかった。

しかし、登美の決意は固かった。「国が滅びるのは悪ではなく、国民の愚によるのです。とくに女性の教育はしっかりしなくてはならん。正しい信念を持った女性を育てる学校を建てたい」、と言って行動を始めるのである。獅子ケ谷の隠居所の向かいの土地を学校の場所と想定し、土地買収のための地主の説得、その土地ですでに農耕をしていた小作人への補償、建設工事の手配、教員の確保など大車輪で動いた。こうして、橘女学校（現在の橘学苑）が一九四二年四月に四年制各種学校として間借り校舎で仮開校するのである。四一年九月の決意宣言からわずか半年という、驚くべき速さである。

当時のことを、土光自身はこう書いている。

「母は、橘学苑を創立するために非常な努力と苦労をした。そしてその経営に心魂を打ちこんだ。そして、自分の生命をも犠牲にした。……母はほんとうに信念の人であった」（『私の履歴書』44頁）

この土光の言葉にあるように、橘学苑創立後わずか三年の一九四五年四月二一日、やっと学校が軌道に乗り始めた頃、登美は無理がたたったのか、病に倒れ息を引き取った。九州南方沖で戦艦大和が撃沈され、ベルリンでヒトラーが自殺した頃である。享年七三歳であった。

橘学苑は今も、鶴見・獅子ケ谷の地にある。その校庭には、登美の言葉「正しきものは強くあれ」を刻んだ石碑が建っている。創立に大反対した土光だったが、終生、この学苑に理事長・校長などの形でかかわり、また収入の大半をつぎ込んで巨額の寄付をし続けた。母・登美の背中は、土光にとって人生の道しるべのような存在だったようだ。それについては、また第6章でくわしく触れたい。

## 終戦、そしてタービン社長に

登美が橘学苑を立ち上げた同じ頃、土光の勤める石川島芝浦タービンは陸軍のジェットエンジンプロジェクトに深くかかわるようになっていた。これが、のちに土光が本社の社長に迎えられた後で石川島が日本のジェットエンジン開発の中心的存在になっていくことの、大きな布石となった。

ジェットエンジンはガスタービンとその原理が似ているので、タービン会社がその開発の委嘱を軍から受けるのは、自然であった。石川島は、本社と土光のいる石川島芝浦タービンの両方で、それぞれ海軍と陸軍を相手にジェットエンジンの開発に参加していた。

本社は海軍の「橘花《きっか》」という戦闘機に搭載されたネ－20型というターボジェットエンジン（現在のふつうのジェットエンジン）の開発・生産を、海軍航空技術廠の指導の下に行っていた。開発の中心人物は、種子島時休と永野治という二人の海軍技術将校であった。戦後にさまざまな経緯を経たのちに、二人とも土光に誘われて石川島に就職することになる。

石川島芝浦タービンでは、陸軍の「火龍」という戦闘機用のネ－130型というターボプロップエンジンの開発を行っていた。ターボプロップとは、タービンを回すのだが噴射でなくプロペラで推進力を得るジェット機である。このターボプロップエンジンの開発はもともとは魚雷艇用のもので、やはり海軍の種子島グループから石川島芝浦タービンに開発・試作発注があったものであった。

海軍のネ－20型ジェットエンジンの開発は、終戦直前の短い時期に、物資も足りない上に空襲警報がしばしば鳴る中、神奈川県秦野ですさまじいスピードで進み、とうとう橘花に搭載して一二分間の試験飛行にも成功した。ただし、その成功は一九四五年八月七日のこと。広島に原爆が投下された翌日であった。

陸軍のネ－130型ターボプロップエンジンの開発実験は、タービンの鶴見工場から松本工場に疎開して、四五年八月に入っても進められていた。土光はこの開発に専務としてかかわり、現場にみかんなどを差し入れるなどしばしば顔を出していた。土光は開発そのものに自分が加わることはなかったが、開発に理解を示し、最大限の援助をしていたのである。

しかし、八月一五日の玉音放送。

土光はその日を専務として鶴見工場で迎えた。そして、放送後の彼の従業員に対する第一声は、「みなさんは一生懸命やった。今晩はよく寝て、明日の朝、出てきてくれ」だったという。

土光自身はその夕方、獅子ケ谷の隠居所に戻った。母はもう亡くなっていたが、長女の禮子とともに住んでいたのである。その他の家族は、疎開先の松本であった。この日の土光の姿について、禮子はこう語っている。

「体から力が抜けたみたいな表情でした。後にも先にも、会社で何があっても家には持ち込まず、顔色に出さなかった父が、珍しくぐったりしていました。戦争が終わってよかったとか、負けてどうだとか、そんなことは全然口にしないのだけれど、疲れがどっと出たようでした」(『気骨』61頁)

この八年前の一九三七年にアメリカのGEに長期研修で滞在し、アメリカの産業の実力をつぶさに観察していた土光にすれば、日本の敗戦は想定内の出来事だったのかもしれない。しかし、それでも、ジェットエンジンの開発に最後の最後まで粘っていた石川島芝浦タービンであった。「体から力が抜ける」という禮子の言葉は、土光の心情を適切に表現した言葉であろう。

終戦後の混乱の時期がやってきた。

当時の他の企業の工場と同じように、石川島芝浦タービンの鶴見工場も松本工場も、戦前に作っていたような軍需向け製品の生産など不可能で、鍋や釜を作って従業員の賃金をひねり出すような操業であった。そして、これも他の企業と同じように、会社のトップが占領軍のパージ（公職追放令）で追放されていった。石川島芝浦タービンでも社長が追放され、土光は四六年五月に社長になるのである。従業員二〇〇〇名ほどの企業のトップである。彼らの生活を確保するために、鶴見と松本の間を夜行列車で往復する生活が続いた。列車の中では座ることもままならず、立ったまま眠った夜も何度もあったという。

終戦直後の混乱期に多くの日本企業が直面した課題は、資金繰りと労使紛争であった。石川島芝浦タービンもその例外ではなかった。その両方に、土光は粘り強く、現場感覚をもって、陣頭指揮で懸命に取り組んだ。

社長としてまず一番に奔走したのは、資金繰りであった。土光はこう書いている。

「どうにも、やり繰りに窮したある日、第一銀行の本店を訪れた。当時、営業部次長は、長谷川重三郎氏（のちの頭取）であった。

『きょうは、どうしても融資してもらわなければ困る。弁当を用意してきたから、夜明けまでもがんばりますよ』

松本工場からの帰路、駅弁をどっさり買い込んできた。そのころ、銀行でもそう余裕金はないのを知っていたが、こちらはそれ以上に苦しい。弁当持参はその決意表明である。この不退転の意気をかってくれたのか、長谷川氏は、ついに最後には援助してくれた」(『私の履歴書』84頁)

長谷川はこの時の土光のことを後々までよく覚えていた。そして、その長谷川が、のちに土光が親会社の石川島重工業(石川島造船所から一九四五年に改称)の社長となり播磨造船所との合併を画策した時に、土光を大きく助けるのである。人間の信用とご縁の歴史は、長く続くようだ。

労使交渉でも、土光は粘り強かった。夜遅くまでの交渉を辞さず、また同じ主張を何度も何度も言い続けた。会社としては、それしか返事のしようがなかったのであろう。精力的にそれを繰り返す土光を労組の幹部たちは、「山手線」とか「夜間爆撃」とあだ名で呼んでいたようだ。

山手線とは、労使交渉の際に何時間でも自説に固執して説得を続け、議論がくるくる回るばかりで話がつかない、つまり終点がないから。夜間爆撃とは、労使交渉を就業時間後の夜に開始することを条件にして、また議論をいつまでも続けて、夜中を過ぎてもやめないから。

こうした労組幹部によるあだ名づけは、「敵ながらあっぱれ」という敬意と連帯感の表れでもあったのだろう。だから、このあだ名は土光が親会社の社長になった時に、親会社の労組幹部に子会社（石川島芝浦タービン）労組から申し送られている。

工場の現場では、事故の際にも土光は陣頭指揮を執った。一九四六年四月に石川島芝浦タービンに入社した稲葉興作（のちに石川島播磨重工業の社長になる）は、入社間もない時期に試運転中のコンプレッサーのシャフトが折れた事故の際の土光の対応に、感銘を受けた。担当者が瀕死の重傷を負ったのだが、土光は急を聞いてすぐに駆けつけ、みずから担架の一端をかついでトラックへと運んだ。輸血が必要になって、血液型の合う稲葉が応じると申し出ると、「君は新入社員だから列の最後に並べ」と土光が言ったそうだ。稲葉は、土光の真剣な対応と人間的な温かみに打たれたと語っている（『無私の人』69頁）。

そんな土光の陣頭指揮は、政府からの機械産業振興の補助金の陳情の際にも発揮され、通産省でも土光は有名になったという。比叡山の荒法師のような土光の風貌もあって、通産省内では「悪僧」というあだ名で有名だったそうである。

そうした企業の内外での、金融機関も政府をも巻き込んだ、土光流の粘り強くかつ激しい動きが功を奏して、石川島芝浦タービンは本社の石川島重工業（以降、石川島）よりも先に終戦後の混乱から立ち直っていった。

## ――本社再建という難題第一号が飛び込む

そんな土光の姿を見ていた周囲から、経営難に悩む本社の再建役の白羽の矢が立ったのも、当然かもしれない。土光の人生は自分で望みもしない難題が向こうから勝手に飛び込んでくる人生となるのだが、その第一号が本社再建であった。第二号が東芝の再建、第三号が国の行政改革と大難題がこの後に続くことを、当時の土光はもちろん知るよしもない。

土光がタービンの社長になって四年後の一九五〇年六月、石川島芝浦タービンの役員会の席に突然あらわれた本社の笠原逸二前社長が、土光に「席を外してほしい」と言った。本社の社長に土光を持って行くことを、タービンの役員に説得するためである。

本社の経営は、その前年に行った船舶改造の大きな仕事が巨額の赤字となり、にっちもさっちも行かなくなって銀行筋から経営陣の交代を示唆される事態に陥っていた。そこで土光が再建の社長候補だという噂が立っていたのだが、タービンの役員会は「土光は渡さない」と衆議一決していた。しかし、その決意も本社前社長からの面と向かっての強い要請であえなく崩れたのである。こうして土光は自分の意志など関係なく、土光自身の言葉を借りれば、「しょっぴかれるようにして、本社の社長に据えられた」。

タービン事業だけだった石川島芝浦タービンと比べると、本社の事業分野は造船、産業機械、起重機、ボイラー、機関（原動機）と多岐にわたり、従業員数も五〇〇〇名弱の大きさだった。土光はタイプの違う、より複雑な経営に直面することになったのである。

タービンを去った日の土光の訓示を、稲葉は鮮明に覚えている。

「日本のエネルギー産業は発展する。タービンなどの回転機械の技術は大切だ。後のことは諸君たちに頼む」（『無私の人』74頁）

人間タービンの本音であろう。しかし、この訓示から一一年後の一九六一年、石川島は石川島芝浦タービンの株式を合弁相手の東芝へすべて売却することになる。タービン事業に必要な投資が巨額化する中、東芝に渡した方がタービン事業は伸びると社長として土光自身がその売却の最終決断をした。

自分が育ててきた会社の売却の判断は、つらいものがあったであろう。しかし、この売却からさらに四年後の一九六五年に、土光はその売却相手の東芝の社長に招聘される。そして、再び自分が売却を決断したタービン事業と再会したのである。タービン人間・土光とタービンとの、もつれた糸の絡み合いである。

土光が本社にしょっぴかれた頃の石川島では、給料の遅配が続き、労使紛争も起きていた。株価も額面割れの低迷であった。そこへ移る土光の覚悟のほどは、タービンの退職金全額をはたいて石川島の株式を購入した、という態度に表れている。自らの退路を断ったという姿勢であるが、しかし土光がそれを人に語ることはなかった。

土光は、タービンから経理担当の下村礼輔ただ一人をつれて本社に乗り込んだ。そして、社長に就任した当日に、いきなりすべての伝票と領収書を社長室に持ってこさせた。もちろんすぐに土光自身が一人で全部を点検できるわけではないが、社長が直接そこまで見るのかという警告を組織に発したのである。だが、それだけで引き締めの効果が出ることを土光は知っていた。実際、翌月から経費・冗費がガクンと減ったという。

また、重役だけでなく部課長から係長にいたるまで、一人ひとり呼んで直接話を聞いた。将来の会社のあり方についての現場の意見を徴するためと、どこにどんな人材がいるのかを直接確かめるためであった。

いずれのやり方も、会社再建に乗り込んだ経営者のとる手段として、理にかなっている。実際に土光は、「研究所を充実すべき」というある課長の意見にしたがって、技術研究所を設置した。また、能率をよくするためにはまず現場の調査をすべきという意見にしたがって、能率調査班を作った。そしてこの班が、科学的分析に基づいた新しい生産管理方式の改善の提案を行っている。

土光はまた、会社のすべての人たちとのコミュニケーションを大切にしたいと思った。そこで、就任半年後の五一年一月から、社内報（『石川島』）を発行することにした。第一号は社長自身が正月四日の仕事始めの日に、正門のところで従業員に配ったのである。仕事始めだからといって一升瓶をコートに隠して持ってくる従業員もいたようで、土光はそれを苦笑いしながら見て見ぬふりをしていた。

社内報創刊号の巻頭に、土光は自ら筆を執り「年頭の挨拶」を書いた。以下の新しい経営方針五箇条を宣言し、くわしく説明したのである。

1. 各工場別採算の確立
2. 健全経営の確立
3. 受注の計画化、製品機種の統一
4. 組織の活用と事務能率の向上
5. 社風、社紀の高揚

とくに突飛な経営改革の提言ではないが、こうした当たり前のことができないからこそ、経営危機に至るのである。この挨拶の中で土光は正直に、「現在の当社の対外的信用は香しくない」と書き、「世界情勢の変化に即刻対応し得る心組を持つことが肝要」と締めている。

たしかに、一九五〇年から五一年の世界情勢は急変していた。土光が社長に就任した六月二四日の翌日、朝鮮半島で朝鮮動乱が勃発し、瀕死の状態だった日本経済全体にカンフル注射の役割を果たした朝鮮特需が生まれていた。石川島はその大きな受益者の一人であった。この点、土光は強運の持ち主と言っていいだろう。

石川島の業績は、すさまじい勢いで回復していった。実際、五〇年上期(四月から九月)の売り上げは七億円弱だったのに対して、朝鮮動乱勃発後の五〇年下期(五〇年一〇月から五一年三月)の売り上げは一五億円強に倍増し、その後も大きな改善を続けるのである。

## 「スイスのようになろう」という現場人間

土光は、社内報創刊三号(五一年三月)にも、創刊号に次いで自ら筆を執り、「重工業の将来」と題する巻頭言を執筆している。会社の将来ビジョンを従業員に直接訴えたかったのであろう。

この巻頭言を土光は、自分が三〇年前にスイスに長期出張した時の経験から始める。そして、「スイスは日本よりもさらに国土も狭く、資源の少ない国なのに、世界で最も高い文化と最も豊かな富と、比類のない平和を持っていることは驚くべきこと」と論じる。そして、「スイスの二〇倍におよぶ八千数百万の人間がいる日本の未来は明るい、日本人の質がスイス人のそれに劣るとは思わない」と続ける。

そして土光は、こう巻頭言を終える。

「日本人は組織を生かす事が下手である。技術にしても、事務にしても、また経営にしても一人よがりの勘に頼っていて、科学的な基礎を持たない。折角日本人がよい素質を持ちながら、これでは本当の軌道に乗って本格的な進歩発達を成就することは出来ない。お互に一人よがりは止めよう。組織にもっと弾力を持たせよう。溌溂とした科学性を会社に漲らそう。大いに科学的に頭脳を活かし技術的な腕を磨こう。そして毎日真摯な努力を続けよう」

この言葉は、その後の土光の経営者人生を貫く、彼自身の基本思想である。出発点から、彼の基本思想は終生変わらなかった。これが、ミスター合理化と言われた土光の原点である。

土光は科学的な思考を大切にした経営をしようとした。単なる精神主義を排しているのである。それを明瞭に示すのは、社長就任二年目となる五一年六月の社内報で、土光が本社社長に呼び戻される原因にもなった赤字決算（工事損金）が株主総会で承認されたことを社員に報告した上で、「単に不退転の決意のみによって赤字問題が解決されるものではない」と強調していることにも表れている。そして、土光はつぎのように書く。

「まず幹部がその責任を自覚し、全従業員諸君の強力なる協力を得て、あらゆる面にわたって日々具体的に工夫し、改善し、科学的に数字に基いて事実を確認し、これを合理的に処理することであり、組織の力によって成果を上げることであります」（『石川島』一九五一年六月一日号）

こうして土光は就任後一年の間、矢継ぎ早にさまざまな機会をとらえて、経営の実態を正直に伝えること、その上で合理的・科学的・具体的に努力すれば未来はあると社員に呼びかけること、その二つを大切にしているというメッセージを出し続けるのである。社内報はそのための絶好の道具立てであった。のちの東芝の再建の際にも、土光は社内報でのコミュニケーションをとくに大事にするが、その原点がここにある。

その一方で土光は、現場人間であり続けた。細かいことの達人でもあった。

たとえば、ヒマさえあれば工場の現場を回っていた。しかも、そこで現場の異音などから機械の故障の原因をよく言い当てていた。それで、土光への現場の信用がますます大きくなる。

また、土光はごまかし書類を見破る達人と言われていたという。書類を提出する際の相手の言葉遣いや態度で、何かおかしいぞとピンとくる。書類を一見してつじつまの合わないところを見破る。土光は設計の仕事が長かったので、合理的にきちんと積み重ねないと設計が最後は破綻するという経験を沢山積んでいるので、そうしたつじつまに対するカンが鋭かったのであろう。これも、現場人間の真骨頂である。

こうした土光の能力は、石川島の再建に大変役に立った、と土光自身が書いている。「提出される稟議書や計画書を、直ちにチェックして、おし戻す。それが三、四回になる。すると経費は最初のときの三分の一ぐらいになっている。こうして経費節減がみのり、石川島は、ある財界年鑑に、〝日本一のケチ会社〟に挙げられる名誉に浴した」というのである（『私の履歴書』95頁）。

それでいて片方では、スイスのようになろう、と大きな夢も語る。大きな夢と小さなケチ、その二つが両立しているのが土光の魅力なのであろう。

## 再建にメドが立つと、すぐに世界へと旅立つ

土光がつねに大きな視野でモノを考えようとしていたことは、会社再建のメドがつくとすぐに土光の眼が世界へと広がっていくことにも表れているようだ。

当時の社内報を見ると、一九五二年までは二年間、六月の社内報（年度決算が出た直後の社内報）に土光自身が決算の報告とそれをもとにした今後の方針を述べていたが、五三年からはそれがなくなる。五二年度で会社の再建の基礎は固まったということであろう。そして、決算報告を土光自身が書いた最後の社内報（五二年六月）の巻頭言で土光は、「今期決算は六六〇〇万円の黒字で一割五分配当となり会社の再建も漸く緒に着いた」と書いた後、次のように書くのも忘れない。

「（技術の進歩、設備の合理化、資本の増強）これらは何れも（石川島重工の将来を決するような）重大な問題であって非常な努力と勇気を必要とする。世界の情勢を考え、且つ日本の現状に立って、我が石川島重工の五年後の姿を想像してみよ。お互に肌に粟の生ずる思いがあるではないか」

そして「肌に粟の生ずる思い」でこの「世界の情勢」を自らの目で確かめるべく、土

石川島重工業社長時代の土光（1953年）
（写真提供：共同通信社）

光は五二年暮れから一カ月半のアメリカ「観察」旅行（という言葉を社内報は使っている）に出かけたのを始めとして、四年間連続して一カ月以上の時間を費やして欧米などの海外視察に出かけるのである。終戦後、日本がサンフランシスコ条約で国際復帰したのは五一年のこと。まだまだ日本の産業が国際復帰もままならなかったこの時代に、社長自身が四年連続で一カ月以上の海外視察を行った企業は、珍しいだろう。土光の眼は同時代の経営者の中でも明らかに世界へと拡がっていたのである。

土光は、最初の二回の海外視察の後は、帰国後に社内報に視察の感想を寄稿したり、社内で帰朝講演会を開いたりして、見聞を社員と公式に共有している。五三年四月には「アメリカの印象」と題して、アメリカの経済活動の圧倒的なダイナミックさに感心した文章を寄せている。また五四年二月には、「西独のめざましい躍進と再建の気魄に学べ」と帰朝講演会で語っている。

しかし、五五年以降は社内報には報告文も講演会開催の記録もない。と同時に、五四年ごろから多くの社員の海外出張が社内報で報告されている。土光が率先垂範して会社全体の眼が海外へ向いてきた、ということであろう。

土光の度重なるしかも長期の欧米出張の大きな目的は、技術導入交渉や技術導入契約を結んだ企業との提携促進のための打合せだったと思われる。技術導入を担当していた西崎鎮夫取締役が五二年四月の日本航空・もく星号墜落事故で急死した後は、土光自身が技術導入の最前線に立ったのであろう。

土光が石川島の社長に就任してすぐの頃から、大きな技術導入案件が以下のように続いている。いずれも、日本国内の独占製造・販売権を得たもので、石川島の陸上機械部門の多角化展開の重要な礎石となっていった。

五一年一二月　米・エトナ社から製鉄用機械技術
五二年四月　米・フォスターウィーラー社から陸船用ボイラー技術
五二年八月　米・コーリング社から建設機械技術
五四年二月　米・ジョイ社から空圧機技術
五六年六月　米・GE社から航空機用などの各種タービン技術
五六年一〇月　米・シカゴアイアンブリッジ社からタンク技術

こうした技術導入は、戦後の日米の技術格差の解消が直接的な目的だったのは当然だが、土光には導入する技術をきちんと消化して自分のものにする自信があった。自社の、いや日本全体の技術水準にそれだけの信頼を置いていたのである。それは、戦前に自分自身がスイスからの技術導入を担当した頃からの自信といっていい。土光はこう語っている。

「外国製だって、驚くほど優秀なものは少ない。また、それらを輸入しても使いこなす、あるいは改良する技術がこちらになければ無用なものになる。結局、使いこなしたわが国には、もともと優秀な技術の下地は十分あったことになる。……この高い技術レベルを支えたのは、わが国技術者たちの、言葉に尽せない研鑽のたまものであることはいうまでもない」（『私の履歴書』78頁）

## ――ジェットエンジンを再び

土光は日本の技術基盤に対する自信を持っていただけでなく、戦前からの日本の技術蓄積の系譜を将来の日本の産業のために活かしたいという気持ちも強かったと思われる。戦時中に石川島芝浦タービンの技術者、経営者としてさまざまな軍事関連の技術開発に取り組んでいた土光の気持ちとしては、当然の流れであろう。前項で紹介した技術導入は、丸投げのような技術導入というより、戦前からの蓄積が活かされているものが多かった。

そのいい例が、ＧＥからの航空機用タービン技術の導入である。この分野では、石川島本社も石川島芝浦タービンも、戦前のジェットエンジン開発の経緯の中で何人もの専門家を社内に抱え、かつ戦後に類似の分野の軍関係技術者を迎え入れていたのである。彼らは、敗戦後の日本ではその活躍の道を閉ざされてしまった人たちだった。

その流れの中で、土光は石川島の社長になるとすぐに、戦前に手がけていたジェットエンジンの開発を再開するよう会社の舵を切ったのであろう。

石川島重工業の社史『石川島重工業108年史』（一九六一年刊）の後半は、技術発展史編として石川島のさまざまな事業分野の技術発展の歴史が詳細に記されている。その記述の順序は、船舶、船舶用タービン、ジェットエンジン、原子力、ボイラー、風水力機械、運搬荷役機械などと、当時の石川島にとっての重要性の順序と思われる順となっている。ジェットエンジンはこの数十年後に石川島にとっての大きな収益事業となるのだが、もう六一年の頃から会社を代表する三番目の技術分野だったのである。

しかし土光がジェットエンジンの開発を再開した時、もちろんジェットエンジンの需要が日本企業の目の前にあったわけではない。それどころか、終戦後七年の間、占領軍は武器に関連した事業の一切を日本企業に禁じていた。航空機関連の事業ももちろん、その中に入っていた。

しかし、朝鮮動乱とその後の米ソの冷戦の激化が、すべてを変えた。アメリカは日本の非軍事化だけを急ぐことをやめ、日本を極東の友好国としてアメリカの安全保障戦略の一翼を担う国として方向づけようとしたのである。そうした方針転換の結果、土光が石川島の社長になって二年後の一九五二年、航空機の製造許可が日本の産業に対して占領軍から下りた。多くの企業が戦前の設備などの返還も受けて航空機へと手を伸ばしたが、もっとも熱心だった企業の一つが石川島であった。

土光の打った手は、素早かった。すぐさま五二年に、戦前にジェットエンジンの開発に石川島とともに成功していた海軍のネ－20ジェットエンジンの開発責任者であった元海軍将校・永野治を、小松製作所技術部長から引き抜いた。日本のジェットエンジン開発の第一人者が、戦前からの土光への軍関係者の信頼をベースに、まだ小さかった石川島に加わったのである。

そして、五三年には技術研究所にジェットエンジン開発用のさまざまな試験装置を他社に先駆けて設置し、研究開発に本格的に乗り出した。さらに同じ五三年には、ジェットエンジンの開発と生産のための日本ジェットエンジン株式会社が国の指導で石川島や富士精密など四社参加で作られると、その研究部長に永野を送り込んだ。

また、五五年には永野の上司で戦前の日本のジェットエンジン開発のリーダーだった種子島時休を石川島の顧問に迎え入れている。つまり、かつての海軍ジェットエンジン開発の中心人物たちを土光は招聘し、石川島をこれからの日本のジェットエンジン開発の主流にしようとしたのである。

## 家庭では、零点パパ？

この章で描こうとした時代が終わろうとしている一九五三年には、土光はすでに五七歳になっていた。家庭では、長男・陽一郎、長女・禮子、二女・紀子、二男・哲夫、三女・立子の五人の子供の父親であった。妻・直子が家をよく守り、妻に家庭のことは任せっぱなしの父親であった。

長男の陽一郎が土光の地元・岡山のテレビのインタビューを後年に受けた時、家庭での土光のことを聞かれて、「子供と一緒にどこかへ行くとか、家事を手伝うとか、そういう評価からいえば、零点、まったく零点パパでした」と答えている。二男の哲夫も同じような感想を述べたことがある。

この時代の猛烈サラリーマンの一つの典型であったのであろう。朝は早く、夜も子供たちが寝てからの帰宅。休日も、どこかへ行くわけでなく、書斎に閉じこもることも多かったという。土光は読書好きだった。

しかし、そんなオヤジの背中はしっかりと子供たちに伝わっていたようで、長男・陽一郎はエンジニアになり、大学卒業と同時に石川島へ就職した。土光が石川島芝浦タービンにいた頃である。父親と同じタービンの設計が仕事だった。二男・哲夫は、土光が石川島に社長として戻った後、石川島芝浦タービンに就職した。こちらは人事・総務関係である。そして、後に石川島芝浦タービンが東芝に吸収された後に東芝の社員となるが、その後に土光が東芝の社長になってしまう。

つまり、土光は石川島で陽一郎と、東芝では哲夫と、同じ会社に所属する時期がかなりあったことになる。いずれの場合も、「オヤジとは別な会社を選んだはずなのに」父親が自分のいる会社の社長になってしまったのである。

陽一郎が石川島に就職することになったのは、終戦直後の頃だった。父に「東芝はどうだろう」と相談すると、「石川島なら入れるよ」というひと言で決まったという。いわば縁故就職に近い。そういえば、土光の岳父も石川島の上司であったし、長男・陽一郎の息子も東芝に勤めている。案外、土光は社内に親族がいることを気にしないのである。

また住居も、長男・陽一郎と二男・哲夫ともに、母・登美のための隠居所に求めてのちに土光が住んでいた獅子ケ谷の土地に、家を建てている。仲のいい家族で、後年になっても、年に二度は五人の子供の家族全員が獅子ケ谷の土光宅に集まっていたが、それも近所だから容易であったのだろう。

はるか後年に、土光の没後に母・登美が残した橘学苑の理事長を長男陽一郎が、校長を長女の禮子がやっている。仕事や住まいだけでなく、人生の生き様についても、連綿と続く家族の流れをしっかりと受け継ぐ、結束の固さを感じさせる家族を土光は作ったのである。

外見的評価は零点パパでも、背中の筋の通った、重みのある家長としての土光の姿を、そこに感じることができる。その後ろ姿は、とくに戦中・戦後の苦しい時期でしかも世の中がひっくり返るような価値の転換期、さらに子供たちが多感になってくる時期だっただけに、子供たちにも強い印象を残したのだろう、と私は想像する。

# 第3章

# 大型経営者の登場

## 造船疑獄に巻き込まれる

一九五〇年に石川島重工業の社長に「しょっぴかれるようにして」就任して五二年までには石川島の経営再建が軌道に乗った後、土光が年末の休暇を利用して欧米へ視察旅行に出掛けることが二年続いた。五二年年末からはアメリカへ、五三年年末からは欧米へ、いずれも技術提携先企業の視察・打合せを中心とする一カ月半近い旅行であった。

前章でも述べたように、土光の眼は大きく世界へと向けられていたのである。

しかし、五四年二月に欧米旅行から帰ってきた土光を待っていたのは、国内の政治絡みの大きな試練であった。後に説明するような造船疑獄に巻き込まれ、東京拘置所に二〇日間も拘置されることになるのである。

その拘置から無事に解放された土光は、その後次々と大きな挑戦をしていく。ブラジル進出、播磨造船所との大型合併、意欲的な長期計画、技術提携を活かした多角化、ジェットエンジンへの進出などという挑戦である。こうした試練と挑戦を乗り越えて土光は大型経営者として日本の経済界にその名をとどろかすことになるのだが、この章ではそうした土光の石川島の社長退任までの一〇年間を描きたい。

五四年二月二一日、土光は本社の課長級以上の幹部を集めて欧米旅行からの帰朝講演会を二時間にわたって行った。土光がこの旅行でとくに強い印象を受けたのは、西ドイツのめざましい復興ぶりであった。土光は、こう幹部たちに強調した。

「西独の復興は如何にして為されたか。勿論、マーシャルプランの徹底的利用も大いにあるが寧ろ廃虚より、零より、否、マイナスより立ち上ったドイツ人の負けじ魂、不撓不屈の精神、旺盛な自力復興の気魄等にこそ、その鍵があったのである」(『石川島』一九五四年三月一日号)

日本も、わが石川島も、そうした自力復興の気魄を持たねばならぬ、と土光は訴えたかったのであろう。いかにも、土光らしい。

しかし、この帰朝講演からわずか一カ月半も経っていない四月二日から、土光は二〇日間ほど東京拘置所に拘置されることになる。造船疑獄という大事件に巻き込まれたのである。

土光が欧米で訪問した技術提携先からの技術はさまざまな陸上分野事業の将来のための布石が多かったが、当時の石川島にとってはもちろん造船分野が圧倒的な主力分野であった。戦後の日本海運再建のために、政府が積極的に資金投入して日本の海運各社の新造船計画を推進していたのである。そのおかげもあって、造船分野の売り上げはこの頃の石川島の売り上げの五割近くを占めていた。
日本政府の海運各社に対する援助は、新造船のための借り入れの利子補給などが典型であった。しかし、こうして政府の資金が大量に特定の産業に入ると、その利権をめぐっての贈収賄が発生しやすいのは後の時代にもよく見られた現象である。この疑獄事件は、海運と造船関連の多数の大企業を巻き込み、政界でも自由党幹事長の佐藤栄作（のちに総理大臣）にも東京地検特捜部の捜査の手が及ぶ寸前までいった。最後には法務大臣による指揮権発動があり、それで佐藤幹事長の逮捕が中止となって事件の幕が下ろされた。

土光への容疑は、石川島から飯野海運へのリベート提供にかかわったという疑いだったようだ。五四年四月二日早朝、土光は鶴見・獅子ケ谷の自宅前のバス停でバスを待っている時に、担当検事に声を掛けられた。検事はすでに土光の自宅へ行っており、妻の直子からバス停のあたりにいるはずと言われ、たしかにバス停で石川島の社長を発見したのである。検事は、大会社の社長がバスと国電で通勤し、自宅もきわめて質素で、立派な人だと感心したという。

土光はいったん自宅に戻されて家宅捜索に立ち会い、その後、千代田区霞が関にある東京地検へ、珍しく会社の車を呼んで出頭した。さらに、東京拘置所に移され、そこで二〇日間にわたって拘置され取り調べを受けたのである。

## ――拘置所の窓の月は青かった

取り調べ担当検事は、のちに検事総長にもなった伊藤栄樹であった。伊藤は、検事総長退任後に『秋霜烈日　検事総長の回想』という本を出しているが、三一章からなるさまざまな事件の回想（その中にはロッキード事件もある）の冒頭の五章を造船疑獄にあて、しかもその最初の章を「土光さんのこと」と題する章にしている。この本が刊行された一九八八年当時、政府の行政改革で大活躍していた土光のことを意識したのかもしれない。

伊藤は、土光の取り調べにのぞむ態度に感銘を受けていた。職業柄、取調室で一対一で対応する被疑者のさまざまな姿を数多く経験していた伊藤が、こう書いている。「私も、いろいろな〝ほんとうの姿〟を見ることができたが、『これはまいった。実に立派な人だ』と感心させられた人が数人いる。それらの人と会うことができたのは、検事冥利につきると思っている。その筆頭が土光さん」（『秋霜烈日　検事総長の回想』18頁）

四月の初めのまだ寒い季節で、取調室までは襟巻きなどをしてくる土光が、「お調べですから」といって、取調室の入り口で襟巻きをとり、机の前に姿勢を正して対座して、質問を待つのである。質問に対しても、毅然として、迎合せずに必要なことは的確に述べる。「まことに立派な被疑者であった」と伊藤は書いている。

結局、土光は不起訴となったが、事件後に伊藤は周囲の人々に「財界の事情は知らないし、石川島の社長というのも十分偉いのだろうが、あの人はもっと偉くなる人のような気がする、といった」と書いている。土光の方も、「あの検事は、若いが立派だ。きっと大成するよ」と言っていると伊藤はしばらくしてから人づてに聞いた。「達人は達人を知る」ということなのであろう。

土光の態度に感銘を受けたのは、担当検事ばかりではなかった。拘置中にしばしば独房の壁に向かって法華経を唱えていた土光に、周囲の拘置者たちも感心し、土光を「先生」と呼んでいたそうである。そして土光自身はこの拘置生活について、つぎのように書いている。

「拘置生活は、私にとって多忙から離れた久々の休養となり、牢獄からながめた青い月が妙に美しかったことを覚えている」(『私の履歴書』99頁)

土光の拘置中、事件は大きな展開を見せた。佐藤栄作・自由党幹事長が四月一四日に極秘に検察の任意取り調べを受けた。こうして事件が政界の中枢に及びそうになった時、時の犬養法務大臣は検察の佐藤逮捕の請求を認めず、二一日に指揮権を発動して逮捕請求の延期を発表した。そして、二二日法務大臣辞任。これを契機にこの大事件は収束に向かい、海運、造船会社の幹部は釈放されていく。土光も法務大臣辞任の日に釈放された一人であった。

石川島の社内報はこの造船疑獄事件も社長・土光の拘置も伝えていないが、五月の社内報は四月一五日に執り行われた社葬の様子を伝えている。土光の拘置中の四月一三日に、総務部長などを歴任してきた古参の取締役が自宅で自死しているのが発見されたのである。土光の社長就任時に副社長から退任し、五二年に再び取締役に返り咲いていた人であった。社葬そのものが滅多にないことだと思われるが、本人の写真と追悼文が二つ掲載された大きな取り扱いで、その死が社内で大きく悼まれていた様子がわかる。土光の拘置と何らかの関連がありそうな出来事だったが、この自死について土光が語ったものは残されていない。しかし彼はこの牢獄の経験から改めて得た教訓として、つぎのように書いている。

「人生には予期せぬ落とし穴がついて回る。公私を峻別して、つねに身ぎれいにし、しっかりとした生き方をしておかねばならない」（『私の履歴書』99頁）

## ブラジルへの挑戦

造船疑獄と拘置事件の余波か、土光の欧米視察は五四年にはなく、その後は五五年七月から九月にかけて約二カ月間、「アメリカ造船業界の視察」と社内報には載っている旅行に出かけている。この時、土光はブラジルも訪れている。すでにブラジル進出の構想が生まれていて、その構想実現への第一歩のための現地視察と思われる。

石川島とブラジルの関係は、一九五〇年と五一年に石川島がブラジルにタンカーを三隻納入したことから始まる。実は、土光が創刊した社内報第一号の表紙を飾った写真は、このタンカーの第一号の写真だった。そして、石川島は続いてブラジル海軍から五四年、五五年と二度にわたって軍用貨物船を受注する。土光の五五年七月のリオデジャネイロ訪問は、その契約調印のためでもあった。

五四年にブラジル海軍に納入されたカストデオ・デ・メロ号については、面白いエピソードがある。この船がリオ軍港に接岸しようとしていた時に、目測を誤って岸壁に船首部をぶつけてしまった。船の方は大した被害がなかったが、岸壁の方がより修理費用のかかる被害があったという面白い出来事だった。それだけ石川島の船は頑丈だと評判になり、ブラジル海軍工廠からの石川島への信用はぐんと上がった。

そうした高い評価があったからか、ブラジル政府から石川島にブラジルに造船所を作らないかという話が持ちかけられる。まず五五年にアマゾン河口に近いベレンで海軍工廠施設の拡充工事の話が、土光が同年七月にブラジルを訪問した際に正式に持ち出された。そこで土光は総務部長などスタッフを同年一〇月から五六年一月まで、ブラジルの市場調査に派遣する。これ以降、石川島はブラジルの法制度など、調査を怠りなく進めていった。

五七年にはブラジル政府から、造船所建設用地としてリオ港内の埋め立て地四十万平方メートルを提供すると伝えてきた。この土地の大きさは当時の石川島のメインの造船工場であった東京・豊洲の第二工場の一・五倍の広さであった。その上、ブラジル政府は商船基金法という法律を作って、ブラジル国内に入る外国船から入港税をとり、これを財源として自国の船主と造船所に低利融資するという造船・海運振興をとることとなった。

つまり、こうした振興策と土地の両方を用意して、石川島にブラジル進出してほしい、というのである。石川島側もさまざまな調査をすでにブラジルに関して数年をかけて行っており、土光は進出を決断した。他の外国企業もブラジル進出を狙っている中で、彼らを出し抜いてブラジル政府と合意しようというのである。石川島としては、準備と熟慮を重ねての決断であった。

しかし、日本の経済界や銀行筋からは、無謀な投資という声が強かった。「土光の愚挙」と経済雑誌にも書かれた。懸念材料はたしかに多かった。

第一にまずブラジルという国のカントリーリスクである。政情不安で有名で、五四年には現職大統領が自殺していた。

第二に投資規模である。ブラジル資本と合弁の進出だが、合弁会社の資本金約三五億円のうち、石川島の出資分は現物出資と現金を合わせて約二六億円と計画され、出資比率は約六五％であった。石川島のこの出資分の大きさは、五八年当時の石川島自身の資本金の約五割にもなる。

第三の懸念材料は、海外での事業経営のむつかしさである。石川島としては海外での大きな合弁企業の経営経験はなかった。日本人派遣社員を一二〇名、日本からの工業移民を三二〇名と計画するが、現地のブラジル人従業員数の計画は三三六〇名で、総人員規模三八〇〇名となる。当時の石川島の国内従業員数は九〇〇〇名程度だから、その四割を超す規模である。まだ現地の技能水準も低かっただろうから、大規模な技術移転が必要になる。さまざまな現地企業の経営負担が、石川島全体にかかることになる。

それでも、土光は飛躍したかったのだろう。一九五六年には実は日本の造船業は世界一となるのだが、石川島はまだ国内四位メーカーだった。財閥の背景があるわけでもなかった。第一銀行がメインバンクだったが、第一銀行グループには川崎重工業という石川島よりも大きな造船会社がすでにあったのである。

そんな状況の中で、国内生産中心で海外は輸出が主、というのでは限界がある。海外の現地市場で飛躍の舞台を作りたいと思うのは、経営者としてある意味で自然である。すでに五二年末から毎年のように長期の海外視察をして、世界へと眼を向けていた土光であった。

しかし、大きな決断であった。土光は慎重に銀行などの説得を重ねた。資源大国ブラジルは日本にとって重要、しかも日系移民の長い歴史がある、ブラジルの海岸線は長く大きな国で国内の海運需要も大きい、と論じた。そして最後は、「自分がすべての責任をとる」と押し切ったのである。右に書いたような計画でブラジルの関係当局との間で石川島が議定書を結んだのは、五八年一月のことであった。

そして、一九五八年一二月一三日、ブラジルの海軍記念日を選んで、新会社・石川島ブラジル造船所（イシブラスと呼ばれた）の定礎式が行われた。式には大統領も参加し、石川島ブラジル造船所の株主にはブラジル開発銀行とリオデジャネイロ港湾局がブラジル側株主として参加していた。

新会社の社長はブラジル人に任せたが、日本からは主力造船工場長だった藤井義六が代表取締役としてイシブラスに派遣されることとなった。そして、現場の技術者たちも日本から多数のベテランが「ブラジルに骨を埋めてこい」と土光に送り出された。石川島としては、背水の陣に近い陣容を組んだのである。

新会社がブラジル政府からの大きな受注を獲得したのは、五九年一二月のことだった。土光も参加してリオの名門ホテルで盛大な契約記念のパーティーが開かれた。そのパーティー後の二次会、三次会の流れの中で、土光がいきなりリオの浜辺へと日本人社員を大勢引き連れて行き、一斉に海に向かって小便の砲列を作らせたというエピソードが残っている。土光もうれしかったのだろう。

その後のイシブラスは、苦労をしたものの一時は中南米一の造船所へと育っていった。一九七〇年代には三年間で五〇〇〇万ドルを超す配当金を本社に払ったこともあった。ただ、長期間の業績は必ずしも順風満帆というばかりではなかったようで、一九九七年には石川島は最終的にブラジルの造船事業から撤退している。

しかし、イシブラスの経験はその後のシンガポール進出など石川島の海外展開の大きな布石となったし、多くの人材が現地で育った。イシブラスは、エスコーラという学校を意味するポルトガル語とイシブラスを掛け合わせて、イシコーラと呼ばれていた。イシブラスで鍛えられた現地工員は他社で引っ張りだこの人も多かったのである。また、石川島側にとってもイシブラスは人材育成の役割を果たし、後に石播の苦境時代の社長となる生方泰二はイシブラスに長く駐在していたし、シンガポールのジュロン造船所への進出にもイシブラスの経験が役に立っただろう。

## 重機械分野に、ジェットエンジンに、造船に

土光がブラジルで新しい造船所の立ち上げにエネルギーの多くを割いていた一九五〇年代後半は、日本が高度成長へと助走を始めた時期であった。五六年に発表された経済白書は、その後も有名になった「もはや戦後ではない」という名文句を謳っていた。五五年の日本のGDPが終戦後はじめて、戦前の水準を上回ったのである。そして六〇年には高度成長の時代がスタートする。

土光はこの助走の時代を積極的に利用して、次々と戦略を打っていった。新しい事業への進出が重機械分野で続いたのである。ここで、土光が五〇年代前半に仕込んだ技術提携が、製鉄機械、ボイラー、建設機械、空圧機、さらにはプラントエンジニアリング

などさまざまな分野で生きた。

土光はさらなる技術提携にも乗り出した。五七年に西独のGGH社から転炉製鋼技術の導入、五八年には同じく西独のザック社から厚板用分塊圧延機の技術導入をしている。造船用鋼板の生産コストが、これらの技術のおかげで安くなっていった。高炉建設でも、国内最大の高炉を五九年に八幡製鉄に納入している。

また原動機分野でも前章に述べたGEからのタービン技術導入をさらに加速して、五八年には高温・高圧タービンの技術導入、スイスのブラウンボベリ社から排気ガスタービン過給機の技術導入などを進めた。また、五七年にはフォスター・ウィーラー社との合弁で総合化学プラントメーカーとしての基礎を固めた。

こうして重機械分野で積極的な多角化を進める一方で、ジェットエンジンの分野でも、遠い将来に夢を描く土光らしい戦略を打つ。五七年三月には東京・田無に新工場を取得し、生産にも乗り出そうとしたのである。当面はエンジン部品の生産くらいしか事業そのものは期待されないのに、富士重工から工場を買い、さらに周囲の土地も買い増したのである。

田無工場長は、戦前に海軍のジェットエンジン開発の中心となり、五二年に土光に誘われ石川島に就職していた永野治。この工場新設には、戦後再開された日本のジェットエンジン開発の発展に向けての、土光と永野の戦前からの執念が込められていた。しかし、当時の経済雑誌はこの工場新設を、ブラジル進出と並ぶ「土光の愚挙」と書いたという。

無理もない。ジェットエンジンの開発には一機百億円はかかるといわれていた時代で、その金額は当時の石川島の資本金の二倍近い。国産ジェットエンジン開発のために五〇年代はじめに設立された日本ジェットエンジンも解散の方向へと向かい、ここで開発されたエンジンの生産を引き受けようというのは石川島しかいなかったのである。生産がむつかしい上に、事業規模が小さ過ぎるので他社は二の足を踏んでいた。

田無工場の当面の計画は、日本ジェットエンジンが開発したJ3エンジンの生産と、GEが生産していた花形ジェットエンジンJ47の部品生産だった。石川島はGEからこのエンジンの技術供与を受ける技術提携契約を五六年から進めており、自衛隊の戦闘機向けの同エンジンの部品生産を考えていたのである。

それでも、当面の事業規模は他の事業分野よりもはるかに小さい。だが、土光も永野も日本のジェットエンジン生産の火を消したくなかった。ジェットエンジンはさまざまな工業分野の総合力が必要となる最先端機械で、日本の工業の実力が上がり、世界的にジェットエンジンの需要が高まっていった時には、日本にも必要だと考えたのであろう。

その土光と永野のビジョンは、長い雌伏の時を経て一九八〇年以降に実を結ぶことになる。そしてジェットエンジンを中心とする航空宇宙分野は二十一世紀の石川島播磨重工業の社長を二代続けて出すまでの、最重要事業に育ったのである。

しかし、そこに至るまで、この事業は長い間赤字を出し続けた。後に航空エンジン事業部長となった永野は、長い間すねかじりとして肩身の狭い思いをすることになる。それをかなり覚悟しての、しかし投資規模がそれほど巨大にはならないことを見越しての、田無工場の新設であったのだろう。

こうして、一九五〇年代後半の石川島はさまざまな分野で積極的な戦略展開をして、成長していった。五六年には一六三億円だった石川島の売り上げは、五九年には三一億円と大きく成長し、その大半は重機械分野での成長であった。だから造船分野の売り上げ比重は、五六年の六〇%から五九年には二五%と大きく落ちたのである。

それは、技術導入をテコとする土光の多角経営の成功の一つの証拠であったが、実は造船分野の伸び悩みをも意味していた。五六年からの五年間、造船分野の売り上げはほとんど伸びていないのである。その伸び悩みは、造船不況のせいでもあるが、石川島の工場の規模制約のためでもあった。

造船の時代の波は、大型船とくに大型タンカーへと移る動きを見せていたのに、石川島には大型船台が不足していた。すでに六万トンを超えるマンモスタンカーが出現していたにもかかわらず、石川島の船台では三万トン超の建造が限度だったのである。しかも造船の第二工場は東京の豊洲という隅田川の河口にあるため、立地条件からして大型タンカー建造の設備を作れなかった。

この状況を打開するために、土光は横浜への展開を考えた。横浜市が根岸海岸一帯を埋め立てて、大規模な工業用地を開発する計画を持っていたのである。そこに大型船ドックと機械工場を新設するという目論見で、石川島は五九年七月に横浜市と土地購入契約を結んだ。広さは四六万平方メートルでイシブラスと同じような大きさである。土地価格は一六億八〇〇〇万円だった。

それは、一九五九年に根岸とリオデジャネイロで、豊洲の第二工場に匹敵する新工場を二つほぼ同時に新設する計画に乗り出したことを意味した。重機械分野だけでなく、造船分野でも土光の戦略はあくまで積極的だった。

## 戦後最大の大型合併

しかし、問題はまだ残った。リオデジャネイロでは五九年から操業を開始できるのだが、根岸での操業開始は早くても六四年が予定されていた。一九五九年の横浜市との契約は、これから埋め立て工事をする土地の契約だったのである。

このままでは、五九年からの五年間を石川島は大型船の建造が思うに任せない状態のまま過ごさざるを得ないことになる。五六年に造船世界一になり、その後も大きな成長を続けていった日本の造船業の中で、石川島は産業発展の波に乗り遅れる危険がきわめて大であった。

その状況が、翌六〇年に世間を驚かせた播磨造船所との合併の伏線であった。それは、経済界やマスコミからすれば、何の前触れもなく突然発表された大型合併であった。

一九六〇年七月一日、お堀端の東京会館で土光と播磨造船所社長の六岡周三が記者会見をした。同年一二月一日を期して両社が合併し、石川島播磨重工業（以下、石播）という名の新会社を発足させる、というのである。存続会社は石川島で、合併比率は播磨五株に対して石川島三株。石川島の従業員は九〇〇〇名、播磨は六〇〇〇名で、合計一万五〇〇〇名。売上高六〇〇億円、資本金一〇二億円の大企業が誕生するのである。

一九六〇年という年は、戦後日本が政治の季節から経済の季節へと大きく方向転換した年で、世界でも奇跡といわれた高度経済成長が本格的にスタートした年である。石播の誕生は、その年を象徴するような戦後最大の企業合併だった。

この年、総資本対総労働の闘いといわれた三井三池炭鉱の労使紛争が会社側の勝利で終わり、また日米安全保障条約が結ばれていた。この条約に反対する安保闘争で国会前の大デモが起き、デモ隊と警官隊の衝突で女子大学生が国会南門前で死亡した事件が起きたのは、六月一五日のことであった。岸内閣が退陣し、後任の池田内閣が国民所得倍増計画を発表するのは、この年の一二月である。

こうした騒然とした世情の中での、七月一日の合併発表だった。話が具体化してから短期間に極秘裏で進めたので、両方の会社でそれぞれ三人程度しか合併交渉の事実を知らなかった。しかし、造船比率が九割を超す播磨造船所と陸上機械部門が七割を超す石川島の合併は、相互補完効果という点で理想的なものだったし、工場も東京周辺ばかりの石川島に対して播磨造船所は兵庫県相生に大型船台のある巨大造船所を持っていて、その点も相互補完的だった。

造船不況で経営の苦境にあえいでいた播磨造船所については、主力銀行の第一銀行が川崎重工業に合併をもちかけていた。しかし、川崎がともに造船比率が高くかつ関西を本拠地とすることなどから半年近く逡巡しているうちに、第一銀行が土光に声をかけたと言われている。その時の第一銀行の頭取は長谷川重三郎。終戦直後に石川島芝浦タービンの専務として土光が金策に走り回った時に、緊急融資をしてくれた、その時の第一銀行営業部次長である。縁というのは、不思議なものである。

土光はこの合併の打診を受けると、渡りに船だと思った。すでに播磨と相性のいいことを調べており、六岡とも互いに悩みを話していたのである。そこで、長谷川には「三日の時間をくれ」と言って、すぐに合併へのゴーサインを第一銀行に出した。そして同じ頃、播磨の六岡の腹を正式に打診するために、赤坂の料亭で話し合いを持った。宴会嫌いで後に有名となる土光としては珍しい夜の宴席である。六岡も技術者出身で、二人とも合併の経済合理性をすぐに理解した。陸と海の結婚である。それから六カ月、秘密裏に細かな交渉を重ねての合併発表であった。

しかし、経済合理性と合併会社の従業員たちの心理とは、また別物である。売り上げ規模でも従業員規模でも大きな石川島が上の立場に立つ合併であることは誰の目にも明らかだった。第一に合併比率が、株式比率で石川島三株に対して播磨五株と、石川島優位なのである。

しかし、土光は播磨の従業員たちの気持ちを忖度した思いやりある行動を次々ととった。その一つが、合併を伝える両社の社内報の号外に、両方の社長のメッセージを載せたことである。そして、播磨造船所の社内報の冒頭に載せられた土光からのメッセージは、石川島の社内報メッセージよりもかなり長くきめ細かく書かれており、こう始まっている。

「このたび皆さんの会社と私どもの会社の合併の契約が成立いたし、はからずも『同じカマのめしを食う』深いご縁となりました」

さらに土光は合併の合理性を述べた後、こう続ける。

「しかしさらに大きな要因は、そして皆さん方にとくに申しあげたいことは、両者間の友好信頼という人間関係の確信と期待であります。

どんなに他の条件が揃っていても、この一点に欠けるところがあれば、その合併は必ず不成功に終わります。しかし、これがうまくゆくならばすなわち1＋1＝2アルファとなり、この核融合エネルギーは、はかり知れない力を生み出します。……つぎに申しあげたいことは、今回の合併が世間によくあるような、工場、機種の整理を主眼とする弱い者同士の消極的なものではなく、むしろその反対に、両社の最も得意とするところのものを合わせて、より合理的に展開させる積極的なものであるということであります。……これは全く新しい会社づくりともいうべき、きわめて明るい、意欲にみちたものであります」（『播磨造船』一九六〇年八月一日号）

それは、土光と六岡の本音であったろう。合併前の事業規模や従業員規模からしても石川島優位は避けられないが、互いに協力して新しい会社を生み出すという精神は、合併後のマネジメントの随所に見られた。それを最初に表現したのがこの合併のあいさつで、石川島の社内報には「同じカマのめし」という表現も「新しい会社づくりという明るい意欲にみちたもの」という表現もない、もう少し事務的なものである。

またこの精神を数字で表現しているのが、新会社の取締役数であった。それぞれの企業が合併前に一五名の取締役総数だったものを、新会社では石川島から九名、播磨から九名と数を同じように減らしてかつ両社出身を同数としたのである。新会社の会長には六岡が、社長には土光が就任した。

五八年のブラジル進出に次いで、六〇年の電撃的な大型合併。地味で目立たなかった土光敏夫という男が、大型経営者として舞台に登場したかのようであった。

## 見事な合併マネジメント

もっとも世間の目は、合併契約は成立させたものの、その後はお手並み拝見というものだったかもしれない。しかし、土光のマネジメントは見事だった。

七月一日の合併発表から新会社発足の一二月一日まで、わずか五カ月。その短期間に土光は、「これはまさに新しい会社づくりだ」と両社の人間が納得するような施策を次々と打っていった。

早くも一〇月三一日には、新会社の新組織案が両社の合同社内報の号外で発表され、即日実施されることとなった。一二月一日の法的合併を待たずに、社内的には新体制で早くも業務開始するというのである。そして、新会社の社章も同時に発表された。

新組織は、完全な事業部制組織というべきもので、産業機械、原動機・化工機、船舶、航空エンジン、汎用機の五つの事業部に両社の旧組織が機能ごとに分割・統合された。各事業部はその傘下に、当該事業の技術、設計、営業、製造、管理の各機能部門をすべて持つことになる。ただし、汎用機事業部だけは製造を社内外への委託によって行っているので、製造部門を持たない。そして、各事業部では事業部長がその事業のすべてを取り仕切る権限を委譲され、それと同時に利益責任を持つことになった。

たとえば、最大事業の造船では、船舶事業部長が旧石川島の東京第二工場と旧播磨の相生第一工場をその傘下に置く。産業機械事業部には、旧石川島の東京第一工場が配置され、原動機・化工機事業部には旧石川島の東京第三工場と旧播磨の相生工場の原動機部門を相生第二工場として分離した新工場が置かれた。この東京第三工場には、旧第二工場の原動機関連部門も第二工場から切り離されて、新たに東京第三工場の製造組織の一部として加わっている。

こうして、二つの旧会社の各機能組織をバラバラに分解して、利益責任を持つ五つの事業部に再編成し直したのである。旧会社は両方とも、社長の下に製造、営業、技術、管理などがぶら下がる、いわゆる職能制組織だったものを、大胆に編成し直したのである。そして、人事配置もその新しい組織にふさわしい人材を、出身母体に関係なく配置した。

結果として、「全員が一つの容器に入れられ、ミキサーにかけられてからバラバラに振りまかれるという形」と土光自身が表現している、ミキサー人事となった。それは、二つの旧会社の社員たちの融合を直ちに行い、清新の空気を組織にみなぎらそうとする人事政策であった。

これだけ完全な事業部制は、当時の日本には珍しかった。だから、一〇月三一日の新体制発表の社内報号外には、この組織形態に慣れていない社内への説得のために、事業部制組織とは何か、どんなメリットがあるかもくわしく解説されている。メリットとして、各事業部は利益管理が中心になる、社内で売買が行われる、経営が民主化される、経営者を養成すると四つの特長が書かれている。教科書の通りである。その上、「日本に事業部制をすでに採用している企業が九〇社、検討中が一五〇社ある」という説明までついている。まったく珍しい社内報である。土光はこうした経営学関係の文献も多く

石播の工場で油まみれの現場見学（写真提供：IHI）

読み、事業部制組織の何たるかをくわしく研究していたのである。

土光は（六岡とともに）両社の融合のために、具体的人事にも最大限の配慮をした。最主力の事業部となる船舶事業部長に旧播磨出身の真藤恒を抜擢・任命したのが、そのいい例である。また、豊洲と相生という二大生産拠点にはその拠点の取りまとめ役としての拠点駐在役員を置くこととし、相生駐在の常務は石川島出身に、豊洲駐在の取締役は播磨出身にとここでもミキサー人事を行った。生産拠点として最大となる豊洲の責任者にあえて播磨出身者を据えるという象徴的人事である。

ただ、日常的に現場を預かる東京の四つの工場長（第一、第二、第三、田無）はすべて石川島出身、相生の第一工場長も播磨出身として、合併当初の混乱が現場で起きないような配慮もしている。相生の原動機関係製造部門である相生第二工場長には、石川島出身者が配置された。

## ――対面の達人

これらの一連の人事の最大のポイントは、真藤恒の船舶事業部長登用であろう。真藤は後に石播の社長や電電公社の総裁を歴任するほど活躍することになる人物だが、この合併時にはまだ五〇歳、九人の常務のうち最年少だった。

土光はイシブラスを作った時に、海軍技術将校だった西島亮二を造船所建設の顧問として迎えている。西島は戦前に呉の海軍工廠でエース的存在だった人で、戦前に播磨造船所から呉の海軍工廠へ出向した真藤はそこで西島と知り合い、その西島が真藤という面白い人間がいると土光に話していたという。真藤という人物と土光が出会ったことも、イシブラス効果の一つといえるかもしれない。

真藤は石川島と播磨の合併話が発表になった時点ではNBC呉造船部というアメリカ系の造船会社へ播磨から出向しており、それまでに大型船の建造で華々しい実績を上げていた。土光と仕事の上での接触もあり、土光はこの真藤を新会社の船舶事業部長としてぜひ欲しいと思ったのである。

土光は合併を発表するとすぐに、真藤に上京してほしいと連絡した。六岡からも同じような連絡が真藤にあった。真藤は土光と夕食をともにしながら、造船業について語り合ったという。真藤は翌日、六岡と熱海で会っている。

土光は造船業の未来についての真藤の意見を聞きたがり、「新会社の造船部門を切り盛りできる適切な人物を探している」と正直に真藤に語ったという。真藤もまた、一対一での対面としては最初であったにもかかわらず、土光という人が「真っすぐ歩く人だ」

という印象を強く持ち、土光の人柄にホレたとみずからこう書いている。

「ハラの中では、明らかに『来てほしい』ということなのだが、私の一身上のことはいわず、あくまで播磨サイドで私を納得させ、六岡さんのほうから推薦するのが筋との考え方である。このことで、私はすっかり土光さんの人柄にホレてしまった。

夕食をともにしながら、二時間ほど話をしただろうか。そのとき、私に造船業の将来性、在り方など、『きみ、どう思うか』といろんな角度からきかれた。私の意見を徹底的に引き出すようにしたが、これは私の能力テストでもあるわけで、このへんはなかなかずるい、タヌキオヤジの一面である」（真藤恒「土光さんにホレた私」、土光著『日々に新た　わが心を語る』補章148頁）

こうした経緯を経て、真藤は播磨に籍をもどした上で新会社に参加し、最年少常務かつ最主力事業部長となったのである。土光という人は、その人格的魅力をもって対面で他人を感服させる達人になっていたが、真藤もその達人のインパクトを感じた一人だった。

経営陣ばかりか、旧播磨の労働組合の人たちも、土光の対面の魅力にころっと参ってしまった。

合併前の播磨造船所では役員・幹部は偉い存在で、社長が工場を訪問する時には入り口の門でクラクションを三度鳴らして、みんなが整列して迎えるような習慣があった。ところが、相生工場を合併後すぐに訪問した時の新社長・土光は、クラクションで整列するなどの仰々しいことを止めさせたばかりでなく、労働組合の書記会に気さくに一升瓶を下げて自ら出席した。恐縮する組合幹部に土光は、「まあ一杯やろうや」と語りかけ、湯呑み茶わんで酒を酌み交わした。その揚げ句、組合員たちと夜の相生の酒場を飲み歩いたという。企業城下町・相生での土光の人気が一晩で高まったのは、いうまでもない。

こうした現場の達人・土光の人格的魅力と背中が、ミキサー人事と並んで、二つの会社の人間集団の融合を成功させた大きな鍵だったのだろう。土光はふだんはあまり酒を飲まないのだが、いざという時は酒の効用を最大限に利用できる「酒が飲める体質」の人間だった。

## ――進軍ラッパ、そして造船世界一に

土光は運のいい男である。石川島の社長にしょっぴかれた一九五〇年は、朝鮮動乱が発生して朝鮮特需に恵まれた年だった。石播という大型合併を行った六〇年は、日本の

高度成長が本格的にスタートした年であった。

もちろん、運がよかっただけではない。そのチャンスを最大限に利用できたのは、土光の器量であろう。土光はこの合併の後もただちに進軍ラッパを高らかに吹いて、全社を成長へと鼓舞した。

合併直後の一年、組織の融合を力点に経営する間も、土光は新会社の一〇年先を考えた長期計画を作らせていた。これも事業部制の採用につぐ新しい経営手法の導入で、土光はこうした経営学関係の研究を深く自分で行っていた数少ない経営者の一人だった。たんなる現場人間だけではなかったのである。

そして、合併発表後一年の六一年八月、新しい長期計画と達成すべき長期目標を社員の前に発表した。それは、まさに進軍ラッパというべき挑戦的なものだった。一〇年後の一九七〇年度の到達目標を、売上高二四〇〇億円、従業員数三万人、付加価値額八〇〇億円、純利益二〇〇億円と設定したのである。

一九六〇年の実績値と比較すると、一〇年間で売り上げは四・四倍、付加価値額は四倍、従業員数は一・九倍、純利益は五倍というすさまじい目標設定だった。この目標を達成するためには、全受注額の三五%を新製品で、二五%を輸出で、と内訳の目標も決められた。

さらに、付加価値額を従業員数で割った一人当たりの付加価値生産性は二倍という生産性向上が目標となっており、そして一人当たり賃金の目標も設定されて、これもちょうど一〇年間で二倍と設定された。この当時発表された池田内閣の国民所得倍増計画そのままのような長期目標であった。

しかし実際には、この挑戦的な目標をはるかに上回る成長が売り上げでは実現された。たとえば、七〇年度の売り上げ目標は二四〇〇億円と設定されたが、実績は三七二八億円にもなったのである。それは、日本経済の成長も業界の平均的な成長をも、ともにはるかに上回る成長で、「陸と海の結婚」という大型合併の相乗効果がそれほど大きかったということであろう。従業員数も三万五〇〇〇人と目標をかなり超えたが、純利益は目標額をやや下回る一七七億円だった。

この七〇年度の売り上げの内訳は、船舶海洋部門が一四四七億円、陸上部門が二一七二億円、航空宇宙部門が一〇九億円、となっている。合併初年度の六一年度のそれぞれの部門の売り上げが船舶海洋二三九億、陸上四二四億、航空宇宙八億だったから、船舶部門は六・一倍、陸上部門も五・一倍という巨大な成長を達成したのだった。

とくに造船部門（船舶海洋）の成長は合併初期から抜きんでていて、土光が石播の社長を退任した六四年には造船が全社の売り上げの半分にもなる最大事業部門に育っていた。その後、陸上部門の成長が大きかったために、土光の社長退任六年後の一九七〇年の最大事業部門は陸上機械になるのである。

造船部門の急成長の背景には、真藤の登用が大きな力になっていたと思われる。旧播磨の相生第一工場が主力造船工場となって、早くも六二年にはこの工場が進水量世界一の工場となる。そして会社としても、合併時には三菱造船の後塵を拝する日本第二位のメーカーであったが、六三年には石播が世界一の造船メーカーに躍り出るのである。

土光は、真藤に造船部門の経営を任せた。その任せっぷりのよさは、相生や横浜の工場の拡張計画として必要資金規模が大きく違う二種類の計画を真藤が役員会に出した時の、土光の対応によく出ている。

真藤はピーク時の必要資金額一五〇億円の案とその半額の案と、二つの計画を役員会に出した。実は事前には一五〇億円まで出す気があるかどうか、土光の意思を確かめているのである。その事前の相談で土光は、「カネをつくるのがオレの仕事。計画を責任を持って実行するのがお前の仕事」と真藤に言っていた。

その上で真藤は役員会で「社長、カネが余計かかるほうでいきますか、それともほどでいきますか」と土光に聞いたのである。土光は怒って「まだそんなことを言っている。大きいほうでいけ」と断言する。それを役員会で言わせるのが真藤の作戦だったのだが、それがまんまと成功し、拡張計画は真藤に任され、経理担当役員はその資金調達を引き受けたのである。

土光はいったんイエスと言ったことは守る、はしごを外さない人で、計画通り進んでいるのであれば現場にくちばしをはさまない人だった。土光はよく怒ることでも有名な人ではあったが、真藤は「土光さんは第一人称で、全部自分の責任で始末するという態度でかかれば、相当なしくじりがあっても、決して怒らなかった」と言っている。それが、土光流の権限委譲なのである（真藤恒「土光さんにホレた私」、土光著『日々に新たわが心を語る』補章156頁）。

こうして造船メーカーとして世界一になった六三年、土光はシンガポールのジュロン造船所の建設プロジェクトにゴーサインを出す。資本金一一億二一〇〇万円のうち、五一％を石播が、四九％をシンガポール開発局が出した。さらに、シンガポール開発局は資本金と同額の貸し付けもする。造船所としての完成目標は六五年で、石播からは二〇名強の派遣を予定していた。イシブラスに続いて二件目の大型海外進出だが、イシブラスの経験もあってかその時よりは日本側の負担の小さなプロジェクトになっている。

## 早めの社長退任と後継役員体制

合併後の経営は、順調に進んでいった。合併前から計画していた横浜・根岸の工場新設も、大型タンカー時代にふさわしい計画として進行していた。そして、中部地区の生産拠点として提携関係を深めていた名古屋造船などとの合弁で、名古屋重工業という新会社を六一年に作ることになった。その話がさらに進んで、名古屋造船と名古屋重工を石播に合併させるということになった。その合併が成立したのが、六四年五月のことであった。

これで、国内の生産拠点として東に豊洲と横浜、西に相生、中部に名古屋、と全国展開のメドがついた。世界一の造船メーカーにもなった。海外でも、イシブラスの設立に続いてジュロン造船所の設立も軌道に乗せた。さまざまな技術提携も合併後も盛んに行われている。

土光が石川島の社長に就任してから、すでに一四年の月日が流れていた。五三歳で社長に就任した土光も、六四年一一月の株主総会時には六八歳になっている。こうして石川島と播磨合併後のマネジメントも軌道に乗って生産体制作りも一段落し、土光は引退する気持ちになったようだ。合併後まだ四年しか経っていないから、早めの社長退任ともいえる。しかし、たびたび渡航していたブラジルに惹かれ、六〇年には大統領からブラジルへの貢献を表彰する南十字星勲章を受章していることもあり、引退後はブラジルへ移住して牧場経営でもしたいと思うようにもなっていたようだ。こうして土光は、六四年一一月の株主総会を機に社長を引退して会長に就任する決心をした。

ただ、土光に悩みがあったとすれば、それは会長就任後の役員体制であったろう。合併後のマネジメントがうまくいっているといっても、それは六岡が会長、土光が社長という重しがあるからである。また、合併時に人事の融合で旧播磨と旧石川島の取締役を同数にしたが、合併前の両社の規模の差からすると、播磨側を優遇しすぎと思われても仕方ないような役員人事構成となっている。それを、会長・社長の交代を機に、どう編成し直すか。

合併会社の社長の誰しもが悩む問題であり、合併成功かどうかの画竜点睛になるキーポイントでもある。当然、会長・六岡、社長・土光、副社長・田口（田口は合併一年後に一人だけ副社長になっていた）の間で相談がさまざまにあった上での人事構想づくりであろうが、その間の事情について、誰かが何かを語ったという証言は一切残されていない。したがって、実際の取締役退任と新任の事実から推論するしかないのだが、二つのことがかなり明瞭に出た新役員体制が作られた、と私は推測する。
一つは、石川島出身者の比率がかなり大きくなるような役員体制ということである。もう一つは、造船部門成長の立役者である真藤の処遇を適切にする工夫のある人事ということである。ともに、当時の石播の実情からすれば、自然な配慮だろう。

六四年一一月の株主総会を機に一新された経営陣は、社長は田口連三（五八歳）、副社長は三人が昇格し、真藤恒（五四歳）、水品政雄（旧名古屋造船社長、五六歳）、永野治（五三歳）。前社長の土光が六八歳であったから大幅な若返り人事で、旧取締役陣の最年少組四名のうち三名が副社長になっている。真藤は常務から、永野は平取締役からの副社長抜擢である。

取締役も大幅に交代して、旧播磨からの取締役四名が退任、その内会長だった六岡だけが相談役になっている。旧石川島からの取締役は二名が退任したが、ともに監査役になった。六名の退任取締役の補充は、四名が旧石川島から、二名が旧播磨からとなっている。しかし、旧播磨側の二名はともに銀行と役所から合併の少し前に播磨入りした人たちであった。

つまり、新しい取締役会を構成する一八名（この数は合併時と変わらない）のうちで、旧石川島生え抜きが一〇名、旧播磨生え抜きが五名、旧播磨合併直前入社が二名、旧名古屋造船出身が一名（運輸省船舶局長から名古屋造船の社長になった人）という分布になったのである。合併時には九対九で同数であったバランスからすれば石川島が圧倒的優位という印象があるが、合併前の規模感とミキサー人事、その後の融合の進展などを総合的に考えると、播磨側にもそれほど違和感のない人事であった可能性が高い。

むしろ、真藤の処遇が土光社長退任人事の鍵だったのかもしれない。業績だけからすれば、真藤を後任社長に抜擢してもおかしくない。土光退任時に、会社の半分近くの売り上げを稼ぎ出している船舶事業部長なのである。しかし、彼は播磨へ出戻りのような形で戻った人で、そのストレートな物言いからも周囲との摩擦が時にある人であったようだ。

田口連三と真藤恒の間にきしみがあったという話を石播関係者から聞いたことがあるが、その後の田口と真藤の土光との付き合い方を資料から推測してみても、真藤の方が土光との付き合いははるかに濃い。真藤は土光を師と仰ぐとあちこちで書いているが、田口の書いたものに土光はかなりそっけなく登場するだけである。

したがって、土光は真藤により親近感を感じていたとしてもおかしくないのだが、石川島という会社の戦後の混乱期での田口の貢献の大きさを考えると、やはり後任社長は田口しかなかっただろう。田口は、土光が石川島本社にしょっぴかれて社長になった時にすでに取締役で、その時に留任した三人の取締役の筆頭格として土光の右腕のごとく大活躍した人である。

　しかも真藤は、土光社長退任直前時点では、八人の常務の末席かつ最年少である。すでに副社長になっている田口を差し置いての社長抜擢は、やはりむつかしい。しかし、真藤もきちんと処遇しなければならないし、播磨側への配慮もあるだろう。また、将来の社長としての位置づけもある。だから、最年少常務の筆頭副社長への抜擢ということになったのだと思われる。

　もう一人の抜擢副社長として永野がいるが、彼は真藤よりもさらに一歳若くて、しかも売り上げの小さな航空エンジン事業部長・平取締役からの抜擢だった。彼の場合、海軍でのジェットエンジン開発などの技術的識見と田口・真藤の間のクッション役としての役割、その二つの理由からの抜擢のように思われる。永野自身は、経営者というより技術者で、しかも人事にはまったく恬淡とした人柄だったようだ。また、真藤、水品、永野の三人の副社長は、それぞれ播磨、名古屋造船、石川島という合併三社にきれいに分かれているのである。

　新しい経営陣を紹介している当時の社内報に、社長・副社長から従業員へのメッセージが載せられている。新社長の田口は、「精神の曲がり角にきた日本」を憂え、最後の締めの一文は「既往にこだわらず、清新の気魄をもって共に進もうではないか」。一方の新副社長・真藤は、「平凡に当たり前のことをきちんとやるべし」と書き、最後の締めの一文は「もったいぶった理論や、中味の乏しい精神論は二の次でいい」。これを読み比べただけでも、二人の間のきしみが聞こえてくるようだ。

そうした社長・副社長体制の後継人事だから、二人の間の重し役としての会長に土光が座っている必要があったのだろう。だから、土光の社長退任の翌年（六五年）に土光が東芝の社長に招聘された後も、土光は石播の会長を一九七二年八月まで八年間続けるのである。土光は東芝の社長を一九七二年八月に退任するから、東芝・社長と石播・会長との兼任期間は、ほぼ東芝の社長在任期間七年あまりずっと、ということになる。

この両社の関係は後に見るようにたしかに深い面はあるが、それにしても資本関係も大きくないこれだけの二つの大企業の社長と会長の兼任は、滅多にないことだろう。そして、土光が石播の会長を退任したのは、真藤が石播の社長に就任したのと同じタイミングであった。もちろん石播会長の後任は田口だが、土光はなお取締役相談役として田口会長時代に五年以上残るのである。田口と真藤の間のバランス役としての土光の大切さが、にじみ出ているようだ。

こうしたさまざまな配慮があったと思われるが、それも土光らしい。土光は気配りの人、人事にはかなりウエットな部分もある人だったのである。その結果、全体としてはバランスのとれた後継役員体制ができたようだ。それもあってか、土光退任後の石播は大きな成長を続けていくのである。

大型経営者という土光への社会的評価は、この合併成功と早めの社長退任で、高まっていく。

## ――宴会嫌いの土光さん?

土光は、経営者としての経営判断ばかりでなく、私的な行動や生活の律し方でも社会的にユニークな評価をされるようになっていた。

たとえば、この章で取り上げた出来事に関連させれば、造船疑獄で特捜部が訪れた時に、担当検事が土光の質素な自宅と生活ぶりに驚いたというのがその例である。後にも「メザシの土光さん」として有名になるが、土光の質素な生活には多くの人が驚いている。そのいかつい風貌とあいまって、質実剛健な古武士、という雰囲気があるのである。

質実さの一つの象徴のようにマスコミがとらえたのが、土光の宴会嫌いである。たとえば、この章で紹介した石播合併前の播磨・六岡社長との夜の宴席を、土光自身がこう書いている。

「私は極力、夜のお付き合いはお断りすることにしているが、このときばかりは別。一時間前に赴いて、玄関で六岡社長を待った」（『私の履歴書』107頁）

たしかに土光は、宴会が好きではなかったようだ。しかし、必要があれば、この赤坂の例のように、自分で積極的に宴席を作り、失礼のないように事前に玄関で待つような努力をする人だった。真藤は自分が下戸だからやはり夜の付き合いは苦手だったが、土光にこう言われている。

「お客が飲む人なら、おまえも飲まなきゃダメだ。お客が芸者遊び好きな人なら、できなくても調子を合わせて、座が白けないようにする義務があるはずだ。ところが、おまえはひとつもやらんじゃないか。オレにばかり芸者やらせるじゃないか。……いくら料理屋でカネを遣っても、仕事のためにやっている限り、オレはなにもいわん。遣わなきゃ相手を呼んだ意味がない」（真藤恒「土光さんにホレた私」、土光著『日々に新たわが心を語る』補章160頁）

土光は、酔った揚げ句に席を盛り上げるためか、芸者さんの着物の裾に手を入れて、芸者さんがひっくりかえるような事件も起こしたことがあるそうだ。ひっくり返った芸者さんが顔にすり傷を作ってしまったために、女将に土光は大いに叱られた。もちろん、土光は平身低頭である。

土光は、宴席で裸になること、さらには裸踊りをすることもあったという。そうした、宴席でもその場の人のことを考える土光に感激したのが、六三年に土光がサンパウロを訪ねた時の現地の日系人長老たちだった。当初、現地の日系商工会議所のメンバーを呼ぶ予定だった宴席に、土光の指示で現地の長老一四名を招待したのである。その人たちの前で土光は、イシブラスができたのはみなさんの子弟のおかげだとお礼の挨拶をした。その言葉に長老たちは感極まり、嗚咽の声すら聞こえた。そこで土光は、今晩は思い切って飲みましょうと上半身素っ裸になった。その場が湿っぽくならない配慮だったらしい。土光はそんなことが自然にできる人だった（『気骨』162頁）。

こうして土光は宴席も必要ならきちんとこなすのだが、たしかに好きではなかったようだ。その理由の一つは、酒の量がある限度を超すとがくっと来て、酒癖があまりよくないことが時々あったことにありそうだ。芸者をひっくり返したのもその一つの例だろうが、石川島時代に労働組合との懇談会の二次会で、興に乗り過ぎた土光がそこにいた部下のなけなしの頭髪を、「その髪は未練たらしい」とハサミで切った事件もあった。労組の委員長にこの時も叱られて、土光は再び平身低頭である。また、石播誕生後の六二年に財界のソ連訪問視察団に参加した際、ウオッカの乾杯が過ぎたのか、日本側団長の頭をパーティーの席上でいきなりポカリと殴った事件もあった。

土光が夜の宴席をあまり好まなかったもう一つの理由は、彼の読書好きであろう。読書の時間を確保するために、夜の時間を自分のために使いたかったのである。土光は、読書とは著者との対話だと言って、本を読みながらものを考えることを大切にしていた。

私の前にいま、「私の読書」と題した土光の自筆原稿のコピーがある。合併二年後に、石播の『調査時報』の冒頭に土光が寄せた文章である。六〇〇字を超すきわめて達意の文章が端正な文字で書かれている。その文章を土光は「私は元来多読の方である」と始め、「財布が乏しいのに本屋の店頭に立つのは楽しみであった」とも書き、そして最後はこう原稿を締めくくっている。

「私は読書によって賢くなろうとは思わなかった。また事実そうである。今となっては私から読書を取除くことは出来ない。思想というものは停まることは出来ない。人間は考える動物である。われわれ多忙な人間は考える為には読書が一番よい。ほんとうに自分の心の求めている本を手にした時は心の充実を感じる」(石川島播磨重工業『調査時報』一九六二年七月号)

土光は、そんな大型経営者だった。

# 第4章

# 東芝再建への苦闘

## 難題第二号が飛び込む

土光のブラジル移住の夢は、かなうことはなかった。

石播の社長退任からわずか半年後の一九六五年五月、東芝（当時の社名は東京芝浦電気）の社長に就任することになるのである。東芝の会長で尊敬する石坂泰三の懇請を、土光は断れなかった。石坂はこの時すでに経団連会長在任九年目で財界総理と呼ばれていた財界の大立者、その石坂によって社長に「就かされた」と土光自身が書いている（『私の履歴書』117頁）。

この時期、昭和の年号をとって「四〇年不況」と呼ばれる、大きな不況の真っ只中だった。電機業界でも、苦境に立たされた松下電器産業では、すでに六一年に会長に退いていた松下幸之助が会長のまま六四年八月から六五年一月まで営業本部長代理を兼任し、現場復帰をして陣頭指揮を執っていた。そんな不況の中の、六五年五月の土光の東芝社長就任であった。

石川島の社長に子会社からしょっぴかれた時と同じように、この時も土光が望んで東芝の社長になったのではなかった。石坂によってしょっぴかれたようなものである。土光の人生での難題第二号が、こうして勝手に向こうから飛び込んできた。

石坂は土光よりも一〇歳年上で、戦前は逓信省貯金局の役人から第一生命に入り、社長として第一生命を大きく成長させた。そして戦後混乱期の一九四九年、労働紛争で迷走していた東芝の社長に招聘されて、見事に東芝を立て直した。石坂は八年間東芝の社長を務めた後、一九五七年に岩下文雄に社長の席を譲っていた。その岩下から土光への社長交代であった。

岩下社長誕生の時にも、石坂は土光に東芝の社外取締役になることを要請した。だから土光は、岩下社長時代の東芝をずっと半ば内部から観察していたのである。したがって土光は、東芝の窮状をかなり理解する立場にあり、石坂が岩下を社長の座にふさわしくないと判断して代えたがっていたのも知っていた。

そんな経緯の中での、特別な敬意を持っている石坂からの、「土光以外には他に候補はない」という懇請だった。もう六八歳になって引退したいはずの土光だったが、それは許されないと観念するしかなかった。土光自身、石坂のことをこう書いている。

「私は、アンケートなどで、『尊敬する人物は?』と聞かれると、『特にこれといった尊敬する人物はこしらえないことにしている』と答えることにしている。事実、麗々しく名を挙げる人はいない。

しかし、石坂さんは、特別に好きな人で、私はこの人にどれほど教わったか、はかり知れない。……たびたび、お会いするようになったのは、石川島重工、石川島播磨の社長になってからである。……お付き合いしてみて、石坂さんの知識の深さ、人をみる目、すばらしい大局観など、学ぶことは、なにもかもであった」(『私の履歴書』131頁)。

土光が石川島の社長になってからほどなくの頃のことであるが、石坂が石川島の工場を見たいといって訪問したことがあった。すでに事業上の関係が深かった東芝の社長の訪問であり、企業の格としてもはるかに上の会社の社長の訪問だったが、仕事中だから余計な人間をかかわらせなくていいと土光は玄関の迎えから工場の案内まですべて自分一人で行った。その後、会議室で石川島の全役員を紹介し、店屋ものの弁当を出した。石坂は、「土光君は聞きしにまさる合理主義者だね、率直過ぎてかえって気持ちがいい」と、いたく感心したという。

石坂が東芝の社長を退く際に土光に社外取締役を委嘱したのも、こんなことが一つの要因だったのだろう。また、土光への東芝の社外取締役委嘱と交換に、石坂が石川島の社外取締役を務めるようになっていた。こうして接点が深まっていた土光のことを、石坂はほめていた。人をほめることのまれな石坂が、土光のことだけはほめていたというのである。

二人は相互に信頼し、尊敬し合う、稀な関係だったのである。のちに石坂が逝去した時に土光は葬儀委員長として弔辞を読むのだが、それが真心のこもった感動的なもので、土光自身もときに嗚咽をもらしつつ読み終えたという。

しかし、二人の間の信頼関係が深いといっても、前任の岩下にしてみれば面白くない社長交代であろうし、東芝の社内全体の空気としても「石坂に続いてまた外部のしかも格下の会社からの登用か」と否定的な感情が大きいことも容易に想像される。すでに東芝の社員になっていた二男・哲夫（石川島芝浦タービンにそもそも入社したのだが、この会社を東芝が吸収合併したので、この当時は東芝の社員になっていた）に土光が、社長就任を石坂さんに頼まれていると話した時、哲夫は、反対だと言った。

「お父さん一人がいったところで、東芝は変わりません。第一、ＩＨＩ（石播）と東芝では、会社の規模が違いますよ。社員、六万三〇〇〇人いるのですからね。外部のお父さんが社長になっても、重傷をおっている東芝は立直れませんよ」（『無私の人』１５０頁）

それでも土光は、六五年四月末の東芝の決算役員会で、代表取締役社長に就任することに決まる。事前に新聞にリークされた社長内定で、岩下は相談役に退くという報道もあったのだが、結局代表権のある会長に就任、石坂は取締役相談役に残った。取締役相談役というポストはそれまでの東芝にはなかったポストで、土光就任の経緯からして、土光応援団としての石坂の存在が必要だったのだと思われる。

## ――『東芝の悲劇』

旧来の経営陣との間のきしみを抱えながらの、社長就任。その上、哲夫の言う通り、この当時の東芝の規模は石播と比べると従業員数で三倍、売り上げでも二倍以上の違いがあった。そして事業分野の広さについても、造船と重機械の石播に比べると、東芝は電球やテレビ・洗濯機から発電機器、通信機、コンピュータなど実に広い。家電・重電・通信・産業エレクトロニクスにまたがる、日本を代表する総合電機企業なのである。哲夫の意見は、いわば正論である。

そして哲夫が「重傷」と表現した東芝の当時の実情も、たしかに厳しかった。たんに不況のせいだけではなかった。それを経済評論家の三鬼陽之助は『東芝の悲劇』という本でくわしく書いている。土光の東芝社長就任の七カ月後に出版されてベストセラーとなった本である（『東芝の悲劇』三鬼陽之助著、カッパビジネス、光文社刊、一九六六年一月）。

この頃も今も、東芝が比較されるのは同じ総合電機企業の日立製作所である。日立と比べると、三鬼の本によれば、六三年ごろから東芝は業績的に引き離され、昭和四〇年不況とともに売り上げの下落だけでなく利益の面で極端な差がついていった。

たとえば社長交代のあった六五年上期（六五年四月から九月までの半年）でいえば、東芝の売上高が約一一〇〇億円であるのに、純利益はたったの十億円。対する日立は、売上高約千四百億円で純利益は五〇億円ほどは確保していた。東芝の利益は六二年には半年で六〇億円程度を確保していたのだから、そこから崖を転がり落ちるように三年間で転落してしまったのである。社長交代の声が出るのも、無理はない。

そうした業績悪化の要因として三鬼が『東芝の悲劇』であげているのは、私なりに整理すると、主に四つの点である。

一つは、東芝の名門意識。戦前からの大東芝という意識が経営陣にも従業員にも強過ぎて、経営が甘くなるというのである。これを例証するエピソードを三鬼はたくさん挙げているが、驚くのは社長室にはトイレばかりか風呂まであり、さらに専用コックがいて専用キッチンもあったという話である。そこまで社風が華美になっていた。技術者の名門意識というか技術至上主義のエピソードとして三鬼が紹介しているのは、外側が腐食して使えなくなった洗濯機について東芝の技術者が「まだモーターはきちんと動いている。わが社のモーターはそれだけ優秀だ」と筋違いの自慢をしたという話である。

二つ目は、経費の使い方の甘さ、ムダ遣いである。その例として三鬼が挙げているのが、東芝の宣伝費の多さと管理職の多さ・給与の高さである。つまり、社会へ向けて格好をつけるための費用の出費が日立と比べて多過ぎる、というのである。たとえば、課長以上の管理職の数で比較すると、日立が二七六人であるのに対して、東芝は四五九人(六四年一一月現在)。売り上げは日立の方が二割以上も大きいのである。しかも、役員報酬についても東芝は日立よりも多いことを三鬼は強調している。

三鬼の挙げる三つ目の要因は、子会社管理の甘さである。当時はまだ連結会計が導入される前であったが、一般的な評価で日立の子会社に優秀な企業が多く、東芝の子会社は親会社からの天下り先になって甘い管理になっているというデータ・事例がさまざまに紹介されている。

東芝の悲劇の第四の要因は、首脳陣の間の権力闘争で、とくに会長と社長の間の仲たがいである。岩下の交代をめぐる石坂と岩下の間の溝がマスコミでも大きく報道されたが、それ以前から二人の仲の悪さは社内でも有名であった。

その原因は、財界活動にかまけて東芝の経営に十分なエネルギーを割かなかった石坂の側にも、岩下の器量と性格の欠陥にも、両方にあると三鬼は両者に厳しい。しかし、理由はともあれ会長と社長が仲たがいをして対立するようになってしまうと、社内は混乱するあるいは停滞するのは目に見えている。ここでも、日立に大きく劣後するというのが三鬼の分析である。

こうした四つの要因は、他のさまざまな当時の評論と読み比べても、おそらく正しい指摘である。むしろ、こうした経営の甘さがあり、組織としての動きがしにくい状況が常態化していた東芝であれば、日立との差がよくこれだけで済んでいたというべきかもしれない。東芝の現場の人材の努力と優秀さが、経営の悲劇の向こうに透けて見えるようである。

それが、社長として乗り込んで何とか改革ができると土光が考えた理由だったのかもしれない。

## ――オレの背中を見よ

乗り込まれた側の東芝の人たちの反応はどうだったか。

土光が乗り込んだ時にすでに取締役となっていて、後に東芝の社長にもなる岩田弐夫は、こう語っている。

「岩下体制が悪かったといっても、なにも再び外から人を頼むことはない。それでは東芝に人がいないことになる。そう思うのは当たり前ですよね。

土光さんも、おそらくは心得ていたにちがいない。単身乗り込んできて、開口一番、『オレは雇われてきた。東芝では一番後輩なので、よろしく頼む』と、これだもの。このへんの呼吸はみごとですよ。政治力があるというか、人情の機微に通じているというか……。ま、根っからの苦労人であることはちがいない」（『土光敏夫大事典』185頁）

そんな土光が社長就任と同時に繰り出したパンチは強烈だった。オレの背中を見よ、とばかりに社内の意識へのショック効果を狙った千両役者の行動を見せるのである。

土光は一九六五年五月二七日開催の株主総会後の取締役会で、正式に社長に選任された。その翌日が、社長としての最初の出社日である。その朝早く、東芝本社のある日比谷・電電公社ビルでは、珍妙な光景が繰り広げられていた。社員の出勤時間は八時半だが、土光は七時半には本社玄関にいた。もちろん社員の姿はなく、守衛が「どなたさまで」と土光に聞いた。土光の答えは、「このたび御社の社長になりました土光というものです。どうぞ、よろしく」。守衛さんはびっくりしただろう。早速、最敬礼して八階の社長室に土光を案内した。

一番驚いたのは、役員たちである。岩下前社長の出勤時間は大体一〇時で、会議は一〇時半からというのが相場であった。慌てた彼らの出勤時間も早まったが、しかし土光の朝がつねに早いのを知らない役員たちは、「いつまでも続かないだろう。最初のポーズだ」と思った人も多かったらしい。しかし、土光はお構いなしに七時半出勤を続け、七時半から八時半までは社長室のドアをみんなに開放して、会いたい人は誰でも来るように、と言い出したのである。しばらくすると、社長室の前は行列ができるようになり、会議も八時半から始められるように役員の出勤時間も自発的に早くなった。

この最初の出社日の事件から数日後、土光は川崎の堀川工場にあった労働組合本部に自分があいさつに行く、と言い出した。東芝の勤労部は驚いた。東芝の社長はえらい人だから、当然に組合の方から出向くべきというのである。しかし、土光は前例がないという勤労部の言葉に耳をかさず、「僕は新入りだから、新入りが先輩を呼びつけるのはおかしい」。

これには、労働組合側がさらに驚いた。社長が来るという連絡が突然あってから、数時間しか時間がない。書類などが積み上がって埃だらけの事務所をあわてて掃除し、きちんとしたテーブルクロスもないから白い紙を古いテーブルに敷いて、緊張して土光を迎えた。夕方にやってきた土光は、一升瓶をぶら下げており、「今度社長になった土光です。まあ、一杯やろうや」。播磨造船所相生工場に土光が初訪問した時の再現である。

朝の出社時間も労働組合への対応も、土光は自分の行動と背中で自分の考えを示している。その行動と背中を直接に見ることのできる人間にとっては、きわめて強烈な印象を残すであろう。

自分で部下たちに直接に語りかけるスタイルの経営を「直接話法の経営」というとすれば、ここでの土光はその語りかけを言葉でなく行動と背中で行っているのである。オレの背中を見よ、という直接話法である。たしかに、言葉はしばしば浮いたものとなってしまいがちだから、背中を信頼できると思ってもらえる土光のような人ならば、かなり有効な直接話法の経営になるだろう。

そうした土光の直接話法のもう一つのいい例が、全国に三〇以上あった東芝の工場や営業所の現場訪問であり、さらに数の多い関係会社への本社社長の訪問である。土光の姿を見てもらい、今度の社長はどんな人でどんな方向の経営をやろうとしているのか、現場の人たちに直接語りかけるのである。現場主義の土光は現場を自らの目で見たい、現場の意見を聞きたいとも思っただろうが、それ以上に自分の姿を現場の人たちに見せることが目的だったのだろう。

そんな全国行脚を就任直後から精力的に土光は始めたのだが、忙しい中だからほとんど日帰りあるいは夜行列車を利用しての旅となった。半年ほどの間に全国行脚を済ませたというが、六八歳になっている土光にそれを続ける体力があったのである。しかも、「そうまでして来てくれる」と現場の感激もひとしおだったろう。東京に近い川崎にある工場ですら今まで社長が一度も来たことがないという工場があったことに、土光の方が驚いた。

その上、社長室に専用バスと専用キッチンを作るような岩下とのスタイルの違いが、さまざまな現場への接し方に関してもあまりに顕著で、その分だけ土光は得をしたようなものである。なにしろ岩下時代には、社長が関西まで夜行列車で出張する時、東海道線沿線の東芝の工場長が近くの駅の列車停車時間にホームで社長を迎えることが慣行となっていたというあり様だった。深夜の駅ホームで、社長自身がホームに姿を現すわけでもないのに、挨拶のためと称してたった数分の停車時間を待つ工場長の気持ち。それと比較すれば、日帰り・夜行で工場の現場を訪れて現場と会話をしたがる土光を迎える工場長はじめ現場の気持ちは、天と地ほどの差があったであろう。

土光は社長になるとすぐに専用バスも専用キッチンも取り壊させ、社長室も小さな部屋にした。秘書の数も、社長には男女それぞれ二名ずつというのを、一名ずつに減らした。社長用車も国産に代えた。勢い、部屋も秘書もクルマも、役員たちも右にならえとなる。これも、「オレの背中を見よ」というメッセージであろう。

## 社内報の活用

こうした背中と行動だけでなく、言葉で社内に語りかける直接話法経営も土光は大切にした。石川島の本社社長となった時にすぐに社内報を創刊したのと同じように、社内報の活用に大きな力を注いだのである。

東芝にはすでに全社向けの「東芝ライフ」（以後、「ライフ」）という社内報があったから、それを充実させることに意を注いだ。従来は厚生・娯楽誌だったものを、意識改革を動機づける強力な手段、組織内コミュニケーションの場と位置づけたのである。

そして、社長就任直後はとくにそうだったが、さまざまな分野ごとの従業員と土光との座談会を「ライフ」に積極的に載せた。土光以前の東芝にはなかった社内報の企画である。従業員代表への土光のナマの言葉を社内全体に伝えようという意図であろう。石播時代の社内報にも、こうした試みはあまりなかった。長い間にわたって現場につねに出ていたから、必要なかったのであろう。

あるいは、「トップ指針抄」という巻頭のページを「ライフ」に設け、土光語録とでもいうべきものを載せて、土光のナマの言葉を伝える場とした。さらに、「管理者ノート」

（以後、「ノート」）という名の管理者向け「社外秘」冊子（管理者向け社内報のようなもの、三〇頁程度）が、土光の社長就任四カ月後の六五年一一月に創刊され、ほぼ毎月発行されるようになった。そこでも、巻頭にはトップ指針抄というコラムが設けられた。「ライフ」と「ノート」の「トップ指針抄」は、ともに六六年一月号から掲載されるようになった。「ノート」の場合、創刊の次の号からということになる。土光が社長に就任して半年、さまざまに生きた言葉を口から出す土光語録に感激した社内報担当者が、それを社員に伝えたいと思ったのがきっかけのようだ。土光もそれに賛成したのは、自分の言葉で社員に語りかける媒体が欲しかったのだろう。石播時代にはこうした企画は社内報にはなかった。

二つの社内報は配布対象が異なっている（「ノート」は管理職限定）ためであろうか、その内容が微妙に異なっている。「ライフ」の方はより「組織人としてどう考えるべきか」という点に重点が置かれ、「ノート」の方は「経営知識や経営の意図のコミュニケーション」という点に重点が置かれているようだ。

「ライフ」と「ノート」のトップ指針抄第一号（いずれも六六年一月号）は、ともに五つの言葉が掲載されているが、最初の三つだけを紹介すれば、以下の通りである。二つの社内報の同じ「トップ指針抄」のニュアンスの違いが面白い。

「ライフ」のトップ指針抄

●決めたことは、必ず実現するルールを確立せよ。社外にも、東芝は必ず計画を実行するという迫力を示せ。

●社内コミュニケーションは随時活発に。海外へも触角を伸ばし、その情報は、積極的に吸収せよ。

●議論は抽象を廃し、具体的数字を積み重ねて行え。

「ノート」のトップ指針抄

●不況を口にすることをやめよ。現在の不況は、むしろ体質改善の絶好のスタートである。

●事業部長は、社長団と対等の立場に立つプロフィットセンターである。

●各人は、チャレンジとレスポンスを常に上にも下にも心がけよ。

「ライフ」のトップ指針抄は、土光の社長在任期間を超えて七四年一一月(土光の社長退任は七二年八月)まで続くが、各号の掲載語録の数はあきらかに変化していく。掲載開始の六一年一月から六七年一一月までは（「ライフ」はおよそ隔月刊）毎号五語録（時に六）だが、六八年一月からは一語録（ただし長い解説つき）に減る。土光退任の七二年六月までに全部で一二二の言葉が載っているのだが、六七年一一月までがそのうち八三と圧倒的に多いのである。この数の変化は、土光の言葉が東芝の現場に実際にどのように届いていたかということと微妙な関係があるようで、のちに分析するが、東芝の現場が思うように動かなくなり、土光の経営再建の成果にかげりが出るのが六八年からなのである。

「ノート」のトップ指針抄は、土光が社長を退任するとすぐに掲載がなくなり、「ノート」自体の発刊も間遠になっていく。ただ、トップ指針抄の土光語録の数は、時期によって変化することなく、毎号に五語録（一回だけ六語録）であった。全体で三二一語録にも及んだ。

こうした語録の掲載数や掲載そのものに、土光の姿勢やエネルギーあるいは社内の反応が微妙に反映されているように見える。ただ、土光語録の内容はかなり深みを感じさせるものがたしかに多く、七〇年にこれらの語録の中から一〇〇を選んで解説をつけたものが、『経営の行動指針』というタイトルの本として出版された。この本は長期にわたって売れ続け、累計で四〇万部をはるかに超えるロングセラーとなった。

## チャレンジ・レスポンス経営

前項で紹介したトップ指針抄の「ノート」版の最後に出てくる「チャレンジとレスポンス」は、土光が強調し続けた管理職への要請である。現場に事業活動の権限は委譲するが、その成果に問題ありと土光が判断したら、「それはなぜか」と部下にチャレンジする。そのトップからのチャレンジに部下はただちにレスポンスして、対策をきちんととる。そのチャレンジとレスポンスの中で、組織としてのバイタリティと相互の信頼関係が生まれるというのである。

チャレンジ・レスポンス経営で土光が強調したかったこうした意図は、社長就任直後の六五年五月に社内で行った、就任挨拶のつぎの二つのメッセージにも表れている。

- 組織活動のバイタリティ
- 委譲された権限は十分に行使せよ

土光は、この二つのメッセージをさらにつぎのように説明した。

「組織は人によって、いかようにも機能を発揮するものである。率直にいって、当社の組織活動は、バイタリティに富んでいるとはいえないと思う。……責任を重んじるということは、与えられた権限を完全に行使することである。権限を正しく行使するためには、非常な努力が必要であり、とくにコミュニケーションが重要である」（『東芝百年史』109頁）

この二つのメッセージの実現を目指して、土光は社長就任直後から積極的に動いた。たんに直接話法で有言・無言で語りかけるだけでなく、組織的手段も整えるといった「間接話法経営」（経営者自身が直接に現場と接するのではないという意味で間接）にも積極的だったのである。

間接話法とは、組織の人々の仕事の状況を整備することによって、その状況そのものが現場の望ましい行動を引き出す役割を果たしてくれることを期待する経営である。組織の設計や経営管理制度の整備によって、現場の人々が直面する仕事の状況を変えるというのが、間接話法経営の典型例である。

たとえば、事業部への権限委譲を強調した。それまでの東芝では本社や担当役員が権限を持ち過ぎていたというのである。事業部長の上にいるその事業部の担当役員の決裁を経なければ、事業部長は事を処理できないのが従来だったが、土光はそれを改めて事業部長に一〇〇％の権限委譲をすると宣言した。

また、事業分野ごとに事業部を作っていった。組織の分割による事業部新設である。

土光の社長就任後の一年間に新設された事業部は、化学材料事業部、硝子事業部、施設事業部、音響事業部の四つにもなる。たとえば、音響事業部はこれまでさまざまな事業部に分散していた音響関係の部署を集めた事業部である。これらの新設の結果、事業部の数は一二から一六へと増えた。

あるいはこの一年の間に、目標管理制度も導入し、また事業部業績評価制度、さらには事業部概況月例報告会などが作られた。目標管理制度は全社的に現場の目標達成に刺激をあたえ、かつボトムアップ経営を促進するための制度であろう。また、事業部の業績評価と報告会の新設は、そこでトップと事業部との間のチャレンジとレスポンスを行うための場作りであろう。

このような組織改革の意図を、土光はこう解説している。

「日常の仕事は事業部に全面的にまかせ、トップ、役員は、その活動を外側から管理し、援護すればいいのである。こうしておけば、なにもかも自主的にやらざるを得ない。……目標は自分たちが作ったのだから、その達成のために全員ハッスルする。万一、それが達成されなければ、こんどは私がチャレンジする」（『私の履歴書』１２０頁）

事業部中心経営と事業部長の権限強化も目標管理制度も、石播時代に効果的だった組織施策であった。こうした矢継ぎ早の組織改革という間接話法経営が、土光の行動と社内コミュニケーションの改革という直接話法経営に加わった。直接、間接のさまざまな経営手段が、土光の社長就任直後から合わせ技となって怒濤のように実行されたのである。

その結果、東芝の現場にはさまざまな活気がたしかに出てきたようだ。『東芝の悲劇』を書いた辛口の三鬼陽之助も、社長就任後の半年の短い間にたしかに東芝の現場の雰囲気が大きく変わったと、六六年一月に刊行された同書で驚いているのである。

## 役員大幅若返りと進軍ラッパ

しかし、社内の感覚は、三鬼ほどには楽観的でなく、まだ慎重だった。

土光の社長就任一年後の六六年五月の「ライフ」に「当社にバイタリティはあるか」という面白い巻頭企画がある。その冒頭は、その年の四月の土光の広島出張の紹介で、前夜に東京を夜行列車で出発した土光が午前七時過ぎに広島駅に着いてすぐに営業所で会議、大手顧客訪問などの忙しい日程をびっしりとこなした上に、午後九時過ぎの夜行列車で東京に戻るというすさまじいスケジュールが紹介されている。

つまり、土光が強調するバイタリティを社長自ら率先している様子が紹介されているわけだが、さて社員はどうか、と問うたアンケート結果も同じ企画の中で紹介されている。「当社にバイタリティが十分に出てきたと思うか」という質問に対して、まだ不十分という答えが実に七五%であった。そして、「バイタリティの十分な発揮を阻害している人は誰?」という質問に対して、経営幹部層が一九%、管理職層が三五%という答えとなっている。つまり、管理職以上の責任が五割以上というのである。

それは、社内が厳しく自己判断をしているということかもしれない。あるいは業績にまだ結果が出ていないから、バイタリティを判断しかねているのかもしれない。

六六年三月に終わる六五年度の年間決算で日立と比較すると、売り上げは日立が二八五五億円に対して、東芝が二二一三億円。当期利益は日立が一五二億円に対して、東芝が一五億円。前年度より、さらに大きな差をつけられている。売上高当期利益率でも、日立が五・三%に対して、東芝が〇・七%と、非常に差が大きい。

土光には、この厳しい決算も想定内だったろうし、アンケート結果も当然と考えたのではないか。東芝ほどの大組織の意識がそんなに簡単に変わっては、かえっておかしいのである。だから、土光は改革の手をゆるめない。このアンケートの直後の六六年五月の株主総会を期に、大幅な役員若返り人事を行った。

この株主総会前の取締役は二一名いたが、その内の半数に近い九名が退任し、七名の新任取締役が就任した。ただし、この年の一一月には石播から田口、真藤の社長・副社長が東芝の社外取締役として加わることが想定されていただろうから、この年度中に九名退任して九名新任となるという大規模な交代が起きたのである。退任した取締役の中には、石坂も岩下も含まれている。二人とも同時に退き、以後、土光が社長を退任するまで会長は置かれていない。

つまり、土光が全権を掌握する体制になったのである。一年前の岩下の抵抗がうそのような、全権掌握である。それを社内が喜んで受け入れる雰囲気があったのであろう。それが、一年間の怒濤のような土光改革の大きな成果の一つだったと思われる。

この新体制では、新任が多かったというだけではなく、すでに取締役になっていた人たちの中でも大きな抜擢人事が行われた。その典型が、取締役から常務を経ずにいきなり専務へと抜擢された岩田弐夫である。この時の岩田は五六歳。東芝の専務としてはかなり若い抜擢である。岩田は経理畑出身で、土光の次の次の社長となる。これらの大幅交代で、取締役の平均年齢は五歳ほど下がった。

役員人事の若返り大幅交代は組織に新風とバイタリティを吹き込むための大きな手段であるが、土光はこの交代と同時にもう一つの大きな手を打った。長期計画の作成である。

東芝では、岩下体制の下で六五年四月から開始の二年間の中期経営計画を持っていた。その計画期間が六七年三月に終了するのを待って、土光は六七年四月からの五カ年の長期計画を作らせたのである。すでに六六年初頭あたりからその作成の指示を出し、六六年六月の経営幹部会で中間報告をさせている。そして六六年六月の役員大幅若返りを受けて、新役員体制で時間をかけて本格的に作らせた長期計画であった。

この長期計画の目的は二つあったと思われる。一つは、大きな将来目標を組織の人々に示し、進軍ラッパを吹くことである。もう一つは、その計画作成を事業部内の綿密な議論の積み重ねプロセスで作ることである。つまり、現場自身に長い将来への計画を作らせるというインパクトである。

進軍ラッパは、たしかに高らかに吹かれた。五年後の七一年度までに、売り上げ二倍、賃金二倍、生産性も二倍、輸出は三倍で売り上げの二〇%、新製品が売り上げの五〇%というのである。しかも、この意欲的な目標を達成するために想定された人員増は二〇%のみ。現場が「本当に達成できるのか」と疑いたくもなる計画であった。そのせいであろうか、この長期計画には利益目標値が数字として明示されていない。現場の抵抗があったか、利益目標を書いてしまうとつじつまが合わないことが明確になるか、どちらかかもしれない。

この進軍ラッパは、土光が石播で合併直後に社内に示した長期計画と似ているが、業績低迷の東芝への長期計画としては、石播の場合よりさらにきつい目標設定になっている。石播の場合は一〇年計画で、売り上げ四・四倍、賃金、生産性などは二倍という目標だったのである。

それは土光も承知の上だったのだろう。土光自身が「ノート」で管理者たちに向かって、「実施には大きな困難が伴う、実現には管理者の頭の切り換えを要請したい、それがなければ長期計画は絵に描いた餅に終わることは必至」と書いているのである。そして「ライフ」でも、六七年四月号で長期計画についての巻頭企画を設けさせ、長期計画の内容や意図について社員向けにくわしく説明させている。

## 業績は急回復していくが……

土光は運のいい男であった。石川島の社長になった時には朝鮮特需があり、石播の合併をした時には高度成長の幕開けだった。そして、東芝の社長になった翌年から日本経済はいざなぎ景気と呼ばれた長期の好況に入っていった。

そのおかげもあり、そしてもちろん土光の怒濤の改革も功を奏して、東芝の業績は見

図1　岩下・土光の10年（売上成長率と当期利益率）

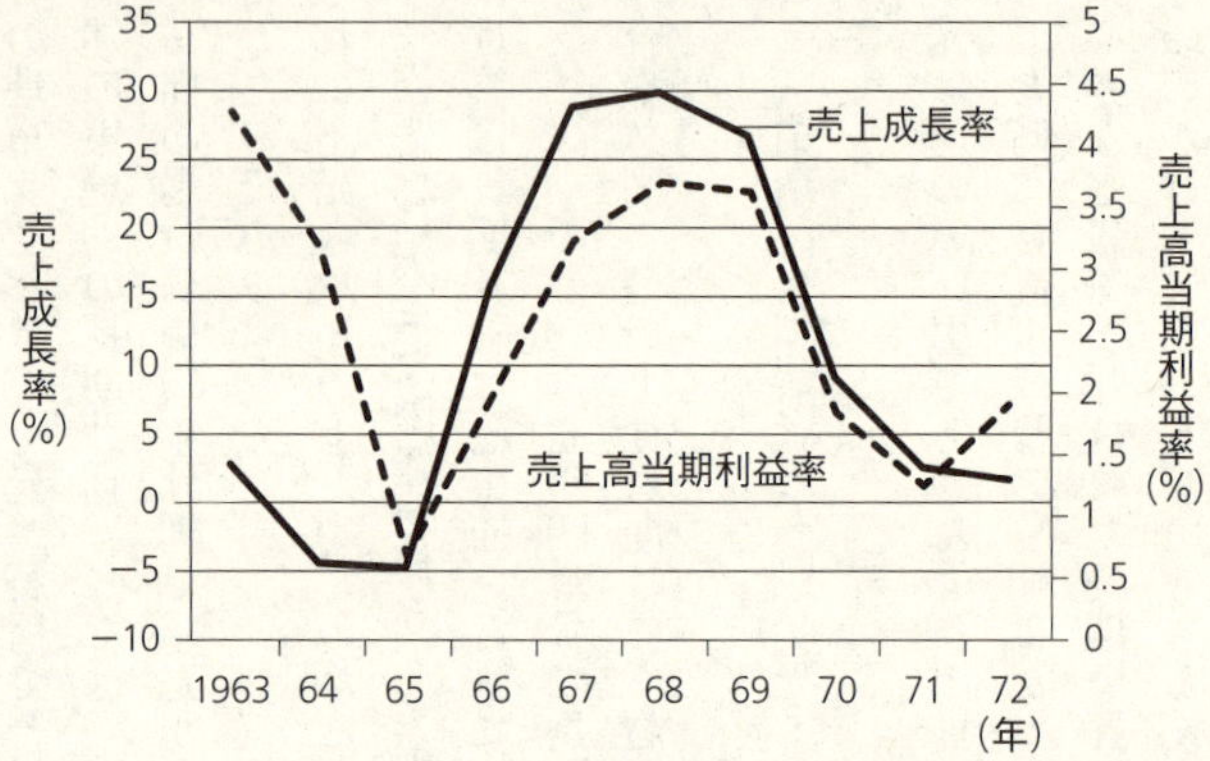


事に回復していく。

図1は、岩下体制下の六三年度・六四年度と土光体制下の六五年度から七二年度までの東芝の売上成長率と売上高当期利益率を示すグラフである。たしかに、岩下時代は成長も利益率も急速に悪化する最後の二年だった。しかし土光体制になると、一年目の六五年度に厳しい決算を行ったのを谷底に、東芝の業績が六八年度まで急回復していくのがよくわかる（ただし、その後の四年間は再び業績は下降していくのだが、それは後に取り上げることにしよう）。

土光改革の成果がたんに景気動向だけによるものでないことを確認するために、日本のGDP成長率と東芝の売上成長率の比率（東芝成長率÷日本GDP成長率）をグラフ化し

図2　東芝成長GDP弾力性

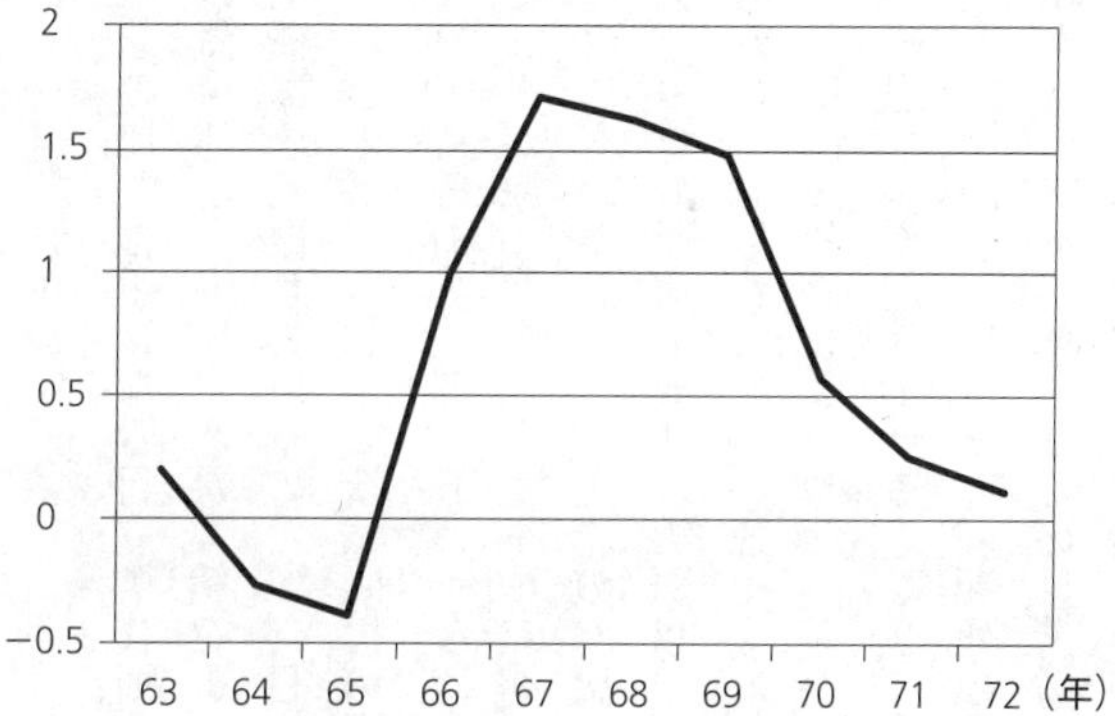


たものが、図2である。経済学ではこうした比率のことを弾力性という。日本のGDPが一%伸びると、東芝の成長率はどれだけ伸びるかというその倍率である。東芝の成長が日本全体の成長よりも二倍の大きさであれば、この弾力性の数値は二となる。

図2が示しているのは、岩下時代は日本のGDPが伸びていたのに東芝はマイナス成長だったが、土光時代の六六年には弾力性値はほぼ一となり、つまり経済全体並みの成長を東芝がしたということである。さらに、六九年までは東芝の成長は日本の成長よりも五割増し以上の大きさだったこともわかる。それだけ東芝の成長は急速だったのである。

また、図2のグラフも図1のグラフとほとんど同じ形をしていることが見て取れる。土光時代の前半は日本全体よりもいい業績、しかし後半になると日本全体よりは劣る業績になってしまうのである。

東芝の比較相手になる日立製作所や松下電器産業は、この時期にほとんどつねに日本の景気全体よりもすぐれた業績をあげていた。したがって、たしかに土光体制下で東芝の業績は急回復していくのだが、日立や松下との格差はかえって拡大していったのである。たとえば、六七年の景気回復の過程で、東芝の売り上げ成長率は松下よりもはるかに下回った。経営低迷の影響で東芝が収益力確保のためにシェア拡大の方策をとれなかったことが原因だと「ノート」は書いている。

それにもかかわらず、土光の怒濤のような行動と背中がマスコミで報道され、世間では東芝の意識革命の成功が実際以上に大きなものとしてイメージされていたようである。この時期の学卒新入社員や途中入社の社員たちが、「もっと現場の緊張感があるかと思ったらそれほどでもなかった。もっと現場ではしごかれているのかと思った」というような感想を多く述べていると「ノート」でぽろりと書かれているのである。

社長就任から二年あまり、瀕死の状態から東芝を救い出したものの、新しい発展へのバイタリティを発揮させるのに苦労していた土光は、そんな現場の実態を感じていたのだろう。長期計画が実行開始となって八カ月も経った六七年一二月に、東芝始まって以来はじめての全国部課長会議を開くのである。一八〇〇人の人間が全国から川崎の東芝体育館に日曜日に集まり、午前一〇時から午後五時まで、代表者による発表と全体の討議をするというイベントである。石播時代の六一年、長期計画をぶち上げた部課長全員集会をやったことを土光は思い出したのであろうか。

しかし、石播での全員集会が進軍ラッパを吹き鳴らすための会合だったのと比較すると、この全国部課長会議のテーマは、「人の活用と育成」と「チームワークの徹底」。「長期計画の達成を期し開催された」と社史は記しているが、計画達成に直接つながるというより、それ以前の組織としての基礎条件作りといった感じのテーマ設定である。開催趣旨の説明でも、「物の考え方、頭の使い方をはじめ、組織活動の根本になるところに旧態依然たる過去の習慣が生き残っている。長期計画を完遂することによって当社の将来の基礎を、なんとしても築かねばならないが、現在のような状態では心もとない」と明言しているのである。

この全国部課長会議を報告している「ライフ」の号から、トップ指針抄がそれまで五項目の短い文章だったものを、一項目だけでしかし長い解説つきに変更されている。土光の意思の組織への伝え方を変えたのである。そして、この号で選ばれた言葉は「計画したものは万難を排しても完成させよ。その中で人間形成ができる」。同じ号の巻頭企画は土光と若手社員との座談会で、題して「それをやるのは、きみたちなんだよ！」土光が東芝という組織を変えようと懸命になっている様子、しかし、いら立っている様子が、うかがえるようである。

## ――石播との提携強化

東芝の改革と発展のために土光が重要と考えていたと思われる手段の一つが、石播との提携強化であった。東芝と石播は昔から、火力発電所の建設でのボイラーは石播、発電機は東芝といったような協力関係があった。そもそも土光自身が、両社の合弁会社である石川島芝浦タービンに長く在籍していたのである。

すでに述べた六六年六月の大幅な役員交代で土光体制が確立した後すぐの同年九月、東芝と石播は相互に株式を持ち合い（ただし、規模は一千万株ずつであまり大きくない）、取締役としても双方のトップが相手の社外取締役になるという協調体制をとった。東芝からは平賀副社長と岩田専務、石播からは田口社長と真藤副社長の四人である。そして、この四人で「四人委員会」なるものを作り、両社の連携の調整、協調体制を推進したと両社の社史は書いている。土光は石播の会長を兼任のままだったから、この四人委員会のメンバーに正式になる必要はなかったのであろう。

この同じ頃、両社の企画室が共同で、一般機械、電機機械、輸送機械の三つの機械分野をまとめた際の企業グループの比較を、東芝・石播グループ、三菱グループ、日立・日産グループについて行っている。その結果が、長期計画が発表されている「ノート」の同じ号（六七年五月）に、「石播との提携強化について」という記事になっている。産業機械分野と電機機械分野の協力関係が技術の流れとして必然だとして、両社の提携強化を謳った記事である。

土光は両社の合併まで考えていたのではないと私は思うが、四人委員会を持ち株会社の政策委員会のような性格のものとして考えていたようではある。以下で六九年に原子力分野で両社の一種のゆるい事業統合のようなことを試みたことを述べるが、それを伝える「ライフ」で土光は、「合併しないで合併のメリットがあげられるのならば、それに越したことはない。いまの方式が一番良いのではないか」と語っているのである。

こうした方針に沿って、まず六六年九月、石播の原子力部長、電気基本計画室長、システム制御技術室長などが出向、嘱託として東芝へ、東芝から石播へは東芝のシステム技術センター長が石播のシステム制御技術室長補佐を兼任した。東芝から石播への派遣がずいぶんと少なくかつ形式的に見えるが、エレクトロニクス分野の両社の実力からすればこれが自然なのかもしれない。

また、一九七〇年の大阪万博に両社が共同でパビリオンを持つ(東芝ＩＨＩ館)構想も六六年に発表された。さらに、製鉄圧延機械部門では、東芝の子会社芝浦共同工業を石播が六七年一〇月に吸収合併して、一〇〇〇名を超す従業員が石播に移籍している。これで石播の圧延機部門は業界ナンバーワンになったし、当時は経営に苦しんでいた芝浦共同工業にとっては救いの手だったようで、両方にメリットのある事業移管であったと思われる。

ただ、石播と東芝の規模の違い、創業一〇〇年の日本を代表する大企業という東芝のプライドなどを考えると、東芝側に複雑な思いをもたらす両社の人事交流・事業交流だったように見えるし、提携強化の効果は六八年まではそれほど大きくなかったことが両社の社史の記述から察せられる。

## ——それでも、東芝は変わらない

六八年三月に締めた六七年度の業績は、東芝としては新記録を作るほどのよさではあったが、それにもかかわらず日立とも松下とも差が開いていった。そして土光は、六八年四月の年度初めの社長挨拶で、「過去一年の成果は満足すべきものではない」と冒頭で述べ（全員の努力には感謝はしているが）、東芝の組織の甘さを嘆き、「相互信頼がない」と結んでいる。社長に就任して三年、土光はいよいよ胸突き八丁にさしかかった。

六七年度業績では家電は長期計画の利益目標をかなり上回り、重電は利益目標を達成できなかった。家電が目標を上回ったにもかかわらず家電の松下とさらに差をつけられている一つの原因は、長期計画の中で家電の人員目標が「五年間で一〇％の削減」となっていることであろう。この時期に成長していく家電への資源配分をむしろ減らそうとしているのである。だから、目標自体をあまり高く設定しなかったから、家電は目標を達成できたのであろう。

同じ時期に石播との提携強化を重視していることも考え合わせると、土光が東芝の将来を家電よりも重電、産業機械、産業エレクトロニクスなどに賭けていたのではないかと思われる。それが、後に述べるテレビ部門の失速の原因の一つなのであろう。

六八年五月三〇日の株主総会で、新しい取締役が一〇名選出された。六六年の大幅役員交代の時が七名の新任誕生だから、それよりも大規模な役員人事である。当時の常識は役員任期は二年だったから、これが六六年以来の最初の交代期であった。もっとも、この時の退任者は四名のみで、したがって六名の増員となった。

一〇名の新任取締役の内訳は、七名が事業部長だった。二年前の九名新任の際は、七名の社内新任のうち四名が事業部長だったから、事業部の数を増やしただけ役員数を増やしたのであろう。

この時の役員人事についての社内の関心は、誰が新任役員になるかよりは、土光が退任しないかという心配であったようだ。役員人事を伝える「ライフ」の号で、編集部が土光に今度の人事の意味を聞いているコラムがある。質問の最後に、土光が社長を退任しなかったので従業員が非常に安心したことを伝えたいと編集部が土光に言っている。退任の噂が出ていたのである。その言葉に対して土光は、「東芝の病根は深い。新体制をととのえる責任が私にはある」と答えている。

「ライフ」のこの号の編集後記で、「チャレンジ慣れが起こり始めたのではないかという指摘がある」と編集部がつぶやいている。社内でもゆるみを感じ始めたようだ。無理もない、土光の社長就任から三年、慣れが起きそうな頃である。また、だからこそ、土光にはまだ代わってほしくないという社内世論があったのであろう。

しかし、編集後記の「チャレンジ慣れ」のみならず、この年の「ライフ」や「ノート」には東芝社内のきしみがいよいよ表面化してきたかと思わせる警戒信号に等しい記事が目立つ。

たとえば、六八年八月号の東芝労連委員長との対談である。その一年前に、前任の委員長と土光が対談しているのだが、その時は「東芝の歴史始まって以来はじめて、社長と委員長が対談」と良好な雰囲気の対談だったのが、一年経った新委員長と土光の対談では、二人の間に溝があるという雰囲気が出ている。

たとえば、労連委員長の高瀬はこんな発言を土光に向かってはっきりとしている。

「これだけ多くの人を、社長一人で全部見きれないでしょう」

「(幹部たちに)一人ひとりに会って話をすると、案外不遇をかこってる人もいるわけですよ。人事はむつかしいね」

「しかし、社長と七万人の従業員が一人ひとり会えるわけじゃないわけでしょう」

もちろん、土光の反論もある。労連の委員長のものの言い方に問題はあるが、社内のきしみがよくわかる応答である。

六八年一〇月の「ノート」の下期予算(六八年一〇月から六九年三月)を総合企画部が説明する記事には、予算の作成にあたって土光からダメ出しが出たプロセスも書いてある。事業部から基本構想がまず出る。しかしそのままでは長期計画と比較して「売上高の大幅先行にも拘わらず、利益面での停滞が著しく、人員規模の先行拡大と経営内部における体質強化に著しい遅れがみられた」。そこで、総合企画部が下期予算編成の厳しい基本方針を通達する。たとえば、減耗人員の補充の原則不許可、経費の削減、開発研究費の圧縮などである。

その基本方針のもとで利益計画を作ってみたが、それでも同業他社の好調さと比較するとさらに格差が拡大するような計画しか出なかった。そこで土光は、計画をさらに見直すよう指示し、15~20%の増益計画を指示した。計画の見直し指示はここ数期絶えてなく、土光の危機感と決意を示すものであった。

この記事の末尾で総合企画部は、「この予算の達成ができるかどうか、困難が予想される」と書いている。この頃のマスコミの論調は、「様変わりの東芝」と土光改革を評価するものが多かったが、それは実態とは異なり、「実態は実はかなり厳しい」と総合企画部自身が書いているのである。そして、この下期予算の達成ができるかどうか、「その施策の可否は、そのまま当社に対する社会的評価に致命的打撃をも与えることになる」とまで書いている。それはそうだろう。マスコミの評価とはまったく異なる決算結果が出ることになれば、社会からの評価は手のひらを返したように厳しくなるのがつねである。

ライフ編集部の「チャレンジ慣れ」コメントが六八年七月、労連委員長の土光改革へのネガティブコメントが六八年八月、そして下期予算の利益計画の見直し指示と総合企画部の危機感あふれるコメントが六八年一〇月。図1のグラフに出ているような六八年度までの東芝のV字回復と「様変わり東芝」という新聞報道とは裏腹に、社内の停滞がこの段階でかなり厳しくなっているのがうかがわれる。

そして、極め付きは六八年一一月の「ライフ」の特集「当社の〝意識革新〟は進んでいるか?」である。「たしかに変わった部分もあるがまだ本物でない」というのが全体的結論である。一般社員の声が一番厳しい。こんなコメントがある。

「土光イズムは世間でいわれているほど浸透していない。上下のコミュニケーションのカナメとなるべきミドル層が原因と考えられる」

そのミドル層の声もかなりきつい。たとえば、

「変革いまだの感が強い。末端まで危機感が浸透してきたこと、比較的自由に発言できるようになったことはあきらかだが、基本的な管理機構、管理方式は衣を変えたのみで、実質は不変だ。責任権限の明確化、権限の委譲は、会社機構としてほとんど進んでいない」

土光は東芝に乗り込んだ時の最初の幹部へのあいさつで、「組織活動のバイタリティを大切に、そして委譲された権限は十分に行使せよ」と二つのメッセージを強調したことをすでに紹介した。それから四年。この基本方針の方向でさまざまな改革が試みられ

たのに、巨大組織・東芝の現場の実態はまだ大きくは変わっていなかったようである。

## ―四年目のネジ巻き直し

こうした社内の雰囲気を土光は察知していたかのように、六九年初頭から改革のネジの巻き直しに動く。基本的な方法論は、社長に就任した直後の六五年・六六年にとったものと同じである。だから、ここで私は「ネジの巻き直し」と表現している。

第一に、事業部制の強化。事業部自主責任体制を打ち出し、事業部管理会計の計算制度を見直した。第二に、長期計画の見直し。六七年四月から始めた五カ年計画を打ち切り、あらたに六九年半ばからの新五カ年計画を作らせた。第三に石播との提携強化である。ここでは、新しい五カ年計画で成長重点分野として指定した七分野の筆頭である原子力を中心にした提携強化を行った。そして第四に、土光自身が社員に直接に語りかける頻度を多くすることである。たとえば、「ライフ」への登場頻度が非常に多くなる。

第一から第三の巻き直しは、間接話法の経営としてすでにとっていたものの「徹底」である。ただ、巻き直しとして「徹底」を打ち出すということは、それまでの施策が方向としてはよかったが程度としては不十分だったという認識ということになる。第四の巻き直しは、土光の得意な直接話法の経営をあらためてフル回転させることである。

まず、事業部自主責任体制の確立について。

土光は社長就任当初から、事業部長に一〇〇%の権限委譲をすると明言していた。それでも、事業部長たちが与えられた権限を十分に使い切っていないと土光は考えた。その権限委譲の徹底のために、事業部独立会社という意識を持て、事業部経営会議を作って幹部で議論をせよ、利益責任をきびしく追求する、としたのである。

しかし、東芝の売り上げのほぼ半分を占める家電分野では、テレビ・冷熱機器などの分野ごとの開発と生産を受け持つ事業部が分野ごとにあるものの、家電全体の営業は東芝商事が昔から担当していた。だから、営業と生産が二つの組織に分かれてしまい、すり合わせがむつかしかった。つまり、事業部といっても、石播時代のような開発・生産・営業を一人の事業部長が全部見る、という事業部になっていない事業部が多かったのである。その状態のままで独立会社としての意識を持てと言われても、事業部長の方が困ったかもしれない。

事業部の自主責任体制が不十分だったもう一つの理由は、管理会計での事業部利益の計算システムに雑なところがあったことである。だから、利益責任を追求しようとしても、うやむやになりがちだったのだろう。そこに本格的なメスを入れたということである。

事業部管理会計制度については、社内売りと振替価格の市場価格基準、事業部ごとの貸借対照表作成、事業部繰り越し損益の清算、事業部資本金の見直し、投融資勘定の事業部移管、事業部資金繰り表の作成など多岐にわたる改革が行われた。

これらの六九年の改革は、事業部自主責任体制を担保するための仕組みの徹底ということで、本来ならば土光の着任当初の最初の改革で行うべきことであったろう。しかし、土光以前のさまざまな仕組みや慣行の積み重ねのために、土光着任時にはすぐには実現できなかったのであろう。しかしいずれの改革も、事業部制の先輩格である松下では昔からやっていたことであった。

第二の間接話法手段、長期計画の見直し（七〇年一月発表）では、六九年からの五年間で売り上げを二・五倍、当期利益を三倍にするという目標が掲げられた。しかし、総人員の増加は二割で抑えるという、見直し前の長期計画と同じような、あるいはさらにきつい、目標設定となった。見直し前の長期計画でも五年間の人員増は二〇%とされていたのが、実際にはその人員数に二年目（つまり六八年）に到達してしまっている。それなのに、また同じパターンの目標設定となったのである。

この新長期計画では、重点指向すべき成長分野として、原子力、住宅、自動化、情報処理、医療、防衛、新材料・部品の七つの分野が指定された。新分野だから家電分野がないのは当然かもしれないが、売り上げ五割を占める家電分野の中での新分野設定があってもいいようにも思える。

この重点分野指定は、実は第三の巻き直しである石播との提携強化と関係しているようだ。新分野に、石播と協働できる分野が多いのである。たとえば、原子力、自動化、防衛である。

原子力分野は、GEからの技術導入で東芝が力を入れていた分野で、当時は敦賀や福島で新しい原子力発電所の建設が進んでいた。原子力は石播時代から土光の思い入れの大きい分野でもあった。その分野での石播との提携強化のための具体策として、六九年八月に石播の永野治副社長が石播副社長兼任のまま東芝の専任副社長・原子力本部長に就任した。専任副社長とは、取締役でない副社長という意味で、東芝としては初めてのポジションである。東芝の原子力本部は社長の直轄組織としてすでにあったもので、本部長は取締役の金岩芳郎であった。永野の本部長就任で、金岩は取締役副本部長となった。

そして永野の原子力本部長就任と同時に、石播・化工機事業部原子力部のスタッフ七四人が東芝に出向し、七一年九月まで東芝・原子力本部内原子力容器部に所属した（その後、彼らは石播に戻った）。たしかに、東芝の関係する原子力発電所案件では、石播が格納容器などの製作を担当していたのである。

以上の永野の副社長就任などの記述は石播の社史からとったものだが、東芝の社史には永野の副社長就任のことは書いておらず、技術者の出向だけが書いてある。多少不自然なすれ違いが両社の社史の記述にある。永野がジェットエンジンの専門家で原子力の専門家ではないことを考えると、東芝の原子力分野の人たちにとって納得性の高い副社長人事であったかどうか疑問が残る。

さて、六九年からの第四のネジ巻き直しは、土光の直接話法スタイルのフル回転である。たしかに、「ライフ」の六九年新年号の中堅営業マンとの座談会、六九年二大方針についてのインタビューに続いて、入社式の挨拶の掲載、ZD・QCリーダーとの座談会などなど、「ライフ」だけを見ても土光が毎号のように登場している。

七〇年に入っても、土光の直接話法経営はゆるまない。

一月号と新年お楽しみ号にそれぞれ、中堅管理者と二〇歳前後の若い人たちとの座談会。一月号に社長挨拶へのインタビュー。三月号にスタッフ部門長研修での講話、七月号に評論家の扇谷正造との対談、一〇月号に日本経済新聞工業部長によるインタビュー・ダイジェスト、一一月号にライフ賞作文入選者との座談会。

結局、七〇年に刊行された「ライフ」八号のうち、六号に土光が登場している。社長就任以来の最多登場である。直接話法強化の意図を感じる。土光はこの年に七二歳になる。まさに、老骨に鞭打っての陣頭指揮である。

とくに、「ライフ」七〇年三月号に載ったスタッフ部門長研修会での土光の講演が示唆的である。土光は自分の誤算を認め、あらためて現場にきびしい精神を要請している。「私は、東芝には力があるので、早く体質を強化できると思ったが、予想が狂った。その原因は、……一つの問題を徹底的に討議して、すべての条件をあらいだして決めることがない。掘り下げが足りない。……トップ個々人はアドバイスはするが決定しない。……権限は委任されているのに、それを使い切ろうという精神に欠けているところにこそ問題がある」

この同じ号の「ライフ」編集後記は、意識革新のスローガンだけではカベにつきあたっているのかもしれないと書いている。そして、あるOBの提案を紹介している。曰く、責任単位の細分化・明確化、利潤をすべて判断基準とするという市場競争原理の徹底、各部門の評価の徹底。そして、「カケゴエでなくシステムで運営せよということである」と締めている。まことに正しいと言うべきだろう。

## ——なぜ毎年、同じことを私に言わせるのだ

こうした土光の懸命の努力にもかかわらず、六九年から東芝の業績は落ちていく。図1のグラフの後半部分である。しかも、図2を見てもわかるように、日本経済全体と比べても、その落ち込みは激しく、七〇年の東芝の成長は日本のGDP成長率の半分しかなかった。七一年には三割以下である。

具体的背景としては、東芝のカラーテレビのオールトランジスタ化の遅れが落ち込みの一つの大きな原因であった。

当時の東芝の売り上げの五割は家電で、その中の花形商品がカラーテレビであった。東芝のシェアは松下に続いて二位を長くキープしていたが、日立がオールトランジスタ化で先行して、市場で人気を博していく。オールトランジスタになると、真空管とのハイブリッドテレビであった東芝とは違い、電源を入れてから画面が出てくる時間が大きく短縮される。また故障も少ない。

東芝のオールトランジスタ化は日立に一年も遅れた。その間に、日立のシェアは六九年九月期の一〇%から七〇年九月期には二二%にまで上昇する。これで、日立が東芝を

抜いて市場シェア二位になる。成長する市場での一年もの遅れのインパクトは大きかった。

もちろん東芝でも、家電の営業部門である東芝商事がトランジスタ化を強く主張していた。しかし、テレビの利益責任を持つ東芝本体のテレビ事業部はつい最近に大型の真空管製造設備の投資をしたばかりなので、その設備を使えるハイブリッドテレビを作りたかった。それが、オールトランジスタ化が遅れた大きな原因であったろう。

その上、テレビ以外の分野でも七〇年上期決算では予算未達の事業部が相次いだ。この決算を報告する「ノート」での主計部の記事は、計画の挫折とそのイクスキューズ（言い訳）が多い、と嘆く。そして、その記事はこんな文章で終わる。「われわれはもっと男性的な会社であるべきだ」。土光こそがそう言いたかったであろう。

七一年に向けて業績不振がますます明白になると、とうとう「ライフ」が「なぜ、実行できないのか」という巻頭特集を組むようになる。七一年一月のことである。「東芝の病根は決めたことを実行しない体質にある」という土光のその年の年頭あいさつの言葉を受けての特集であった。土光は年頭のあいさつで、こう言った。

「ことここにいたってはもう、理論は無駄である。どうやるかはみんなわかっている。ただ実行しないだけだ。もうなにがなんでも実行する。それに尽きる。反省が必要だと言ったが、本当に反省しているのかどうか。東芝八万三〇〇〇人が本当に反省し実行したら、軽く現在の二倍の成果は出る」

この巻頭特集は、年頭あいさつの直後に行われた土光へのインタビューと管理職へのアンケート（回答率がわずか50％）の分析が主な内容だが、土光改革の行き詰まりを象徴しているような部分が目立つ。とくに、異例に長い社長インタビューでの編集部の質問が、それを物語っている。たとえば、こんな具合である。

「目標を組織的、システム的に実行していくという点から見て、目標管理が職場中心になっていましてね。トップを含めた経営全体にうまく結びついていないという感じがしてなりません」

「社長のおっしゃることは非常に実行することがむずかしい。カニに前へ歩けといってるようなもんだと……」

「社長の気持ちはよくわかるんですがけれども、凡人にはそこまで汲み取れないということもあります。社長は人間を信じてボトムアップということでやってこられたと思うんです。しかし五年もたった今、その効き目がまだ十分あらわれてこないとすると……」

こうした社長への厳しい質問が社内報に掲載されるのは、どこの企業でも稀であろう。

一種の社長批判をしているような面すら感じるほどである。これに対する土光の反論は長く続くが、その反論を象徴する例としてつぎのような言葉を挙げておこう。

「頭ではなくからだで応えよ」

「『金持ちの息子』のきたえ方をもっときびしくする」

「今後は信賞必罰でいく」

この号以降、「ライフ」の刊行間隔がそれまでの三カ月に二回から三カ月に一回に減っていく。土光の登場もほとんどなくなる。さすがにこの巻頭特集は社内で問題視されたのかもしれない。

そして東芝の状況は、七一年度が四月から始まっても好転の兆しを見せない。土光は、七一年九月の「ノート」に、異例の年度途中の巻頭言を寄せている。題して「現下の情勢と東芝管理者のあり方」。ふつうは社長の巻頭言は年度初めの四月にあるだけである。その中で土光は東芝の甘さを再び指摘し、次のようにすら言っている。

「果して、技術をもって世に立って行こうというプロの根性があるのか、企業として事業部として生きていくに必要な利益は何が何でもとり込むのだという商魂に徹しているのか。この際、全役員、全管理者、再思三省してみる必要があるように思われる」

東芝テレビ工場見学（写真提供：東芝）

この巻頭言の直後の七一年一〇月から、土光は工場巡視を再び始めた。現場への直接のインパクトを土光は求めたのだろうか、あるいは社長を近々退任することを心に決めて現場に最後の別れを告げたかったのだろうか。

七二年が明けると、社員に向けての年頭あいさつで土光はこんな表現すらするようになっていた。

「やればできるのに、やらないことが多い。『泥まみれ』になりたがらない。頭のてっぺんではわかっていても、それが〝実行〟として出てこないのだ。なぜ、毎年、同じことを私に言わせるのだ」

七年近く社長をやってきた土光の焦燥感と無力感を感じるのは、私だけだろうか。

## 突然の社長交代

七二年三月に締めた七一年度決算は、やはり悪かった。日立との差がさらについた。たとえば、連結ベースで日立の当期利益は二二二億円もあるのに対して、東芝は五一億円しかなかった。

土光はもう引退のタイミングを計っていただろう。前項で紹介した七二年の社長年頭あいさつに象徴的に出ているように、幹部社員との間にも溝が生まれている気配がある。そうでなければ、「何度同じことを言わせるのだ」などと年頭あいさつでは言わないだろう。

一方で、七一年秋に再開した工場巡視を土光は精力的に続けていた。七二年六月の「ライフ」の編集後記では、そうした工場巡視のたびにその工場がキレイになると皮肉を書いている。社長の目に入るところを取り繕う東芝マンという皮肉である。おそらく土光はその取り繕いも察していただろう。それでも、彼は工場を回りたかった。そここそが、彼の心の故郷なのであろう。

土光について書かれた本は多いが、その嚆矢となった『評伝　土光敏夫』（一九七六年刊）を書いたジャーナリストの榊原博行は、土光を「日本一の工場長」と評している。現場主義の技術者・土光への誉め言葉である。私も賛成する。その土光にとっては、巨大組織・東芝の本社はあまり居心地のいい場所ではなかったのかもしれない。

一九七二年七月三一日、土光は定例取締役会で社長退任を告げる。突然の社長交代であった。後任に土光が推したのは副社長の一人、玉置敬三。直前までは産業エレクトロニクス担当の副社長であった。通産事務次官から東芝に入社して一七年が経っていたが、またしても東芝生え抜きの社長ではなかった。

八月三日の社長交代の記者会見で、土光は次のように交代の弁を述べた。

「社長に就任した当初、1～2年で十分いけるかと思ったが、やってみるといろいろな事情があり、7年かかってしまった。……経済状況の好転のきざしが出ており、東芝の経営も上向く、と思ったので、周囲の人々の了解をとって決心した」

八月という異例の時期の突然の交代について聞かれると、土光はこう答えた。

「4～6月の実績を見て、『いける』という確信を持った。両三年の宿願だったから『善は急げ』ということで決めたのだ」

土光の言っていることは、ウソではないだろうが、心の全てを語っているのではないことは、すべての記者会見の場合と同じだろう。

社長在任七年間の経緯を追い、図1のようなグラフを念頭に考えると、土光は東芝を完全に再建することなく、志なかばにして退陣したというべきであろう。しかし、土光はすでに七五歳になっていた。もうしかるべき退任のタイミングまで時間はあまり残されていない。九月には七六歳になる、その直前の退任であった。

タイミングはもう遅いくらいだと思いながらも、おそらく土光は無念であったろう。その無念さは、『私の履歴書』の記述にも出ているようだ。そこで土光は、六六年に行った役員若返り人事を説明した後でいきなり、「こうした人材起用が実を結んだ昭和四十七年、もう東芝は大丈夫という見通しが持てたので、その年の八月、私は社長を退いた。当初、考えていたよりは長い年月が経過した」とだけ書いているのである。

そして記述はすぐに経団連会長就任へと移ってしまう。もちろん、この記述の前にはチャレンジ経営やトップ指針抄の創設なども触れているが、それは六五年・六六年の経営のことである。六七年から七二年までの五年間の東芝再建への苦闘について、まったく触れていないのである。やはり、自分でも不完全燃焼感があったのだろう。

しかし東芝ほど経営のむつかしい会社は、この当時の日本にはなかったのではないかとも私は思う。一つには規模の巨大さと事業構造の複雑さがある。なにせ、八万人の従業員を抱え、ランプからテレビ、果ては原子力まで扱う事業内容の広さである。もう一つは、経営のゆるみと名門意識の沈殿物がたまった会社というむつかしさである。

ともに、石播にはなかったむつかしさである。それにしては土光はよくやったと思えるが、当時の経済誌などの評価は、やはり土光の東芝再建は失敗したというものだったようだ。前述の榊原の本に、当時の東芝関係者の圧倒的評価としてつぎのような意見が紹介されている。

「はっきり言って、土光さんの〝精神革命〟は、戦艦〝大和〟〝武蔵〟級の東芝では挫折したのではないか。社内の空気は、モーレツ主義に飽き飽きして、また昔のノンビリ

ムードにUターンしているのが、なによりの証拠だ」(『評伝　土光敏夫』、104頁)

偶然の一致かもしれないが、この七二年には一一月に石播の社長交代もあった。田口連三が会長に退き、真藤恒が社長に昇格するのである。したがって、土光も石播会長の座を退き、石播の取締役相談役になっている。つまり、七二年夏から秋にかけて、土光は東芝では社長退任、石播では会長退任という二つの退任をほぼ同時に行い、それ以降、東芝で会長、石播では取締役相談役という立場に変わるのである。

真藤は、石播での土光の秘蔵っ子だった。その彼を、土光は自分の直接の後継者にはできなかった。田口社長時代をはさむ必要があったのは、前章で述べた通りである。そして、真藤の社長就任を見届けるようなタイミングで石播会長の座を退いたのである。

東芝の社長後継人事でも、土光は似たような配慮をせざるを得なかったのかもしれない。東芝での土光の秘蔵っ子は、六六年の役員大幅若返りの際に大抜擢をした岩田弐夫であった。その岩田は土光の後継候補と思われていたのだが、六九年に心筋梗塞を患って一年間、病院生活を送った。すでに六八年から副社長になっていた岩田は副社長のままで入院生活を送るのだが、病が癒えたと思われる七〇年五月の経営機構改革で材料事業担当役員と総合企画・総務・経理などの本社スタッフ部門の担当役員を兼務するようになる。経理出身の岩田が事業担当もすることになり、過去の抜擢のことを考えて多くの関係者が土光の後継者は岩田と思ったことだろう。

しかし、岩田の体調がまだ本格的でなかったのか、あるいは電算機関係の担当をしていた元通産事務次官の玉置が政府関係の調整で社長に適任だと思ったのか、七二年七月の土光の後継指名は意外にも玉置であった。ただ、玉置の社長就任期間は四年で、その後は岩田が七六年に東芝の社長となる。玉置の社長退任・会長就任と同時に、土光は東芝の会長を退き、取締役相談役となるのである。

みずからは会長を退き、秘蔵っ子を社長の後継者とする。石播でも東芝でも、土光は同じパターンの行動をとったことになる。そして、二人の秘蔵っ子はのちに、真藤はNTTの初代社長、岩田は日本たばこ産業の初代会長となって、ともに社会的に大きな活躍をする人材となるのである。

## ――質素な生活、厳しい背中、人情味

私生活の面では、東芝の社長になっても土光は質素な生活を続けた。

自宅は、母・登美のために建てた鶴見・獅子ケ谷の古くて狭い家のままである。時に訪れる東芝の幹部や新聞記者は、門の扉の開け閉めに苦労する。ガタピシしているから

である。ある時、帰り際にどうしても門が開けられなくなった東芝の幹部に、土光は横の生け垣に空いた穴を指さし、そんな時はそこから出入りしたらいいと言うほどだった。

また、東芝の社長として土光がソーラーシステム振興協会の会長をしている時に、自宅に土光もソーラーシステムをつけようと思ったことがある。省エネルギーでコスト削減をみずからやろうというのである。しかし、家が古過ぎて、屋根に太陽熱温水器をのせると家がもたない、と言われた。仕方なしに、鉄骨組みでわざわざ温水器を載せる台を作ることになり、トータルではコスト削減にはならなかった。

そんなエピソードが、山ほどある。土光は、いっこうに気にしない。自分の生活のペースを守るのである。ただ、日本第二位の家電メーカーの社長としては、いかがかと思うようなエピソードもある。

たとえば、土光の家にカラーテレビが入ったのは一九七二年。すでに国内の普及率は七割に近くなってからである。しかもそのテレビも、東芝の深谷工場でカラーテレビ百万台生産の記録を達成した時に、工場の従業員たちが記念に社長にプレゼントしたものである。彼らは、さすがに社長の家に自分たちが作っているカラーテレビがないのはまずいと思ったのであろう。これではたしかにテレビのオールトランジスタ化で社内の議論が白熱している時に、社長の方はあまりトランジスタ化のメリットの実感がなかったかもしれない。

あるいは、土光の家には冷暖房の設備がほとんどなかった。クーラーメーカーの社長の家なのに、「自然のままが一番健康によい」とクーラーを入れないのである。これには、副社長の岩田がさすがにまずいと考え、また土光宅を訪ねる記者たちのためにと、勝手に東芝のクーラーを設置してしまったという。

いずれも「大企業の社長の質素な生活」という意味では美談ではあるが、家電部門の売り上げが五割に近い企業の社長としては、マーケットの消費者の反応に関心が薄いと言われても仕方ないかもしれない。

自らを律することに厳しかった土光は、他人にも厳しかった。とくに、責任逃れをするような幹部には容赦なく怒号が飛んだ。役員会で製造部門の責任をあげつらった営業担当の役員をものすごい怒声で叱責して、その役員が脳貧血を起こして倒れたという話もある。

あるいは、東芝へ来て間もない頃、役員たちに「死ぬ気でガンバレ」と叱咤したあげく、「俺が来て何カ月にもなるのに、何をやっているか。後は俺が面倒を見てやるから一人や二人死んでみろ」と怒鳴りつけたという。

土光の方は、「俺は怒っていない。地声が大きいのだ。俺より大きい声で答えればいい」と言っていた。ただ、そう言われても……。

しかし、厳しい半面、人情味あふれる言動も多かった。だから、土光に心酔し、土光を師と仰ぐとすら言う人がたくさん出てくる。とくに土光は下のもの、現場の人たちにはやさしかった。地方のある工場へ出掛けた時に、帰り際に現場の人たちの前で土光が屋外で話を始めた。そこに雨が降り始めた。土光は傘もささずに熱心に話し続ける。その場に居合わせた人々の間に異様な感動が広がったという。

こうして人間的にも実に立派で、対面の達人、直接話法経営の名人の土光にして、東芝の再建は完全にはできなかった。瀕死の状態から東芝を救い出したのは確かだが、何かが足りなかった。それは実は、土光の人情味あふれる、時にウエットな人柄に起因する部分もあるのかもしれない。

土光を石播時代からよく知る真藤恒の次の言葉に、真実がありそうだ。

「土光さんは人間をみな対等とみて、自分にも欠点がある以上、『あいつはダメだ』というような言い方は絶対にしない。つまり、相手を全面的に否定するようなことはいっさいしない。感情は出さず、相手の悪いところ、足らざるところは補強するけど、否定はしない。

したがって、土光さんは部下に対して『捨てられる』という不安感を全然与えないので、組織内のまとまりは非常にいい。能力のある者はある者なりに、ない者もないなりに、同じ方向に向け、一体となって力を発揮させる。

しかし、こうしたやり方は、往々にして人事を〝甘く〟させる。『あの人ににらまれたら、一生うだつが上がらない』という、きびしい空気がない」(『日々に新た　わが心を語る』補章161頁)

さらに真藤は、「悪いのを少しも間引こうとしない」というのである。真藤と同じく土光の秘蔵っ子だった岩田弍夫も、同感のようだ。

「本当に土光さんは、人事管理がウエットすぎて困る。下の者が随分と迷惑する」(『評伝　土光敏夫』128頁)

土光が役員人事を社長として行った六六年六月から七二年八月までの間に、土光が取締役に任命した人数は二八名だが、退任した取締役の人数は一六名(土光自身は除く)しかいない。たしかに、真藤の言うように間引きは少ないのである。

東芝時代の土光の言動を調べてみて私は、土光の人間や組織を見る眼は実に深いと感じることが多かった。トップ指針抄の言葉を集めて本にした『経営の行動指針』がその典型である。素晴らしい本である。そして、土光の言葉は最後まで含蓄に富んでいた。社長としての最後のトップ指針抄は、「ライフ」と「ノート」、それぞれ次の二つの言葉である。

●「顧客を動かすのは、結局、誠意である。真に誠意をもって当たれば、不信すら信頼に代えることができる」（「東芝ライフ」七二年六月号）

●「手の打ち方のタイミングを考えよ。桜の蕾は冬の間に用意されている」（「管理者ノート」七二年三月号）

それでも、土光の東芝再建は志なかばで終わらざるを得なかった。対面の見事さ、心に沁みる言葉、人格的オーラ（圧力）の強さという直接話法の名人・土光の特徴が東芝ほどの大きい組織ではそれほどに生きなかったということかもしれない。間接話法の経営の工夫がもっともっと大量に必要とされていたのだろう。

しかし、土光の面白さあるいは謎は、東芝でなかば挫折した土光がのちに、行政改革の鬼として日本中の信頼を集める国民的リーダーになっていった、それも七五歳を超えてからさらに人間として進化していったということである。

土光の人生は、東芝で終わらなかった。東芝の社長を退任した後、経団連会長と臨時行政調査会会長として、質素な生活、厳しい背中、人情味、それらがすべて生きてくる。不思議な巡り合わせの人生である。

# 第5章

# メザシの土光さん

## 国家という巨大なビルづくり

そんな土光の人生の巡り合わせの流れを変えたのは、再び石坂泰三だった。

土光は、東芝の社長時代に財界活動はあまりしていなかった。ただ、六八年五月に石坂が経団連会長を降りる時に、東芝社長になっていた土光を経団連副会長に推した。それまで経団連のさまざまな委員会の委員長もしたことがなかった土光がいきなり副会長になるのは、異例の人事であったが、石坂の推挙とあれば経団連側も土光も仕方なかっただろう。

そして石坂の後任の経団連会長であった植村甲午郎が七四年五月に二期・六年にわたった会長職を辞することを表明すると、その後任に石坂たち経団連長老の推薦もあって、東芝会長となっていた土光が植村から後継指名を受けたのである。土光はすでに七七歳で、東芝の社長を退任して二年近くが経っていた。

ただし、まったくすんなりと会長指名となったわけではなかった。たしかに土光がポスト植村の本命とは言われたこともあったが、東京電力会長で経済同友会代表幹事として財界で大活躍していた木川田一隆を推す声もあった。また、土光自身についても、東芝の再建が思うようにいかないままに東芝の社長を降りたこともあり、評価は今一つの面があった。

しかし、当時の経団連は財界の中での地位の低下が危惧されていた時期で、さらに日本経済自体が七三年一一月のオイルショック後の大混乱の最中だった。そんな時、石坂の「今こそ行動力のある土光が経団連には必要だ」という意見は、経団連OBの人たちに響いたのであろう。

石坂は、一九五六年から六八年まで経団連会長を四期・一二年間も務めた経団連の最長老で、経団連会長を「財界総理」とマスコミが呼ぶようになったのは石坂の影響力の大きさゆえであった。その後任の植村の時代には、日本商工会議所や経済同友会の活動が目立つようになり、財界総本山としての経団連の地盤沈下がささやかれていた。石坂は、オイルショックでインフレやエネルギー危機を迎えている日本にとって、土光のような人物こそが必要だと思ったのであろう。そしてあわせて、経団連の立て直しも土光に託したのであろう。

土光が第四代経団連会長に就任して二年後の七五年三月、石坂は逝去した。土光は経団連会長・東芝会長として、日本武道館で開かれた二団体・九企業の合同葬の葬儀委員長を務め、弔辞を読んだ。土光が自ら何回も筆を入れたこの弔辞は、土光の思いのこもったもので、石坂が妻のことを歌った短歌を引いて、こう始まる。

「昭和五十年三月六日、春を告げる淡雪の朝石坂さんは、卒然として逝かれました。

『雪降れば　雪子とぞ思う走り出でて　心ゆくまで　掌にとらまほし』

亡き夫人をこう歌っておられました石坂さん。

私は、あの雪の朝を終生忘れることは出来ません」

そして、石坂の思い出をたとえばこう述べる。

「国際会議場に於ける堂々たる司会。

時として、われわれの頭上に落ちた雷の如き一喝。

あの身を刺すが如き痛烈なる諧謔。

後輩への、やさしいいたわりと励ましの言葉」

土光にしては珍しく感傷的なくだりも多く、土光が石坂のことを慕っていたことがよくわかる弔辞である。

その石坂から、土光はこう言われたことがある。土光が東芝の社長を引き受ける前後のことであろうか。

「君は大工の棟梁としては一流になったが、このまま終わるつもりかね。これからは一企業のワクを超えて、〝国家〟という巨大なビルづくりを、やってみてはどうだ」（『無

私の人』155頁)

これには、土光も参った。そして、そのビルづくりに本格的に参加する機会が、経団連会長という形で石坂によってもたらされたのである。東芝の社長退任後、ある種の不完全燃焼感があったであろう土光は、経団連で再び疾走を開始する。

## ――行動する経団連へ、ゆさぶりと現場主義

疾走の手始めは、経団連内部へのゆさぶりだった。内部とは、事務局と副会長・委員長などの役員たちである。

まず、事務総長人事の空白をあえて土光はつくった。それまで経団連では事務局のトップとしての事務総長が副会長の一人として任命されていた。植村前会長の辞任と同時に事務総長だった副会長の一人、堀越禎三も辞任していたから、その後任が必要であった。

関係者の多くは、専務理事として事務方を取り仕切っていた花村仁八郎が事務総長に昇格するものと思っていた。しかし土光はその昇格人事をすぐにはせずに、土光体制の滑り出しを事務総長空席のまま始めたのである。土光自身は明確には語っていないが、

それまでの事務局のあり方に硬直的で動きが遅いと土光が不満を持ち、通産事務次官経験者を新しい事務総長にあてるつもりだとささやかれた。

経団連には一五〇名規模の事務職員がいたが、彼らの間に激震が走った。自分たちのトップが否定され、官僚からの天下り人事に等しいことになるからである。そうなれば、経団連は実質的に通産省の統括下の組織になってしまうかもしれない。経団連も設立後三〇年が経って人材も揃っていると思っていた花村は、「通産OBを事務総長にするのは反対です。事務職員の志気にかかわります」と、土光に諫言した。

土光は、オレはまだ何も決めておらん、と花村に答えたが、しかしその人事は沙汰止みになった。そして結局は、土光は一年後に花村を事務総長に任命する。その間、土光は花村を観察していたのかもしれない。また、事務局の言う通りには簡単にはならないというメッセージを事務局に送っていたのかもしれない。

じっさい、土光は事務局の言いなりになるどころか、事務局の人たちを呼んでさまざまに質問し、また文句も言うのだった。東芝時代のチャレンジ・レスポンス経営を経団連でも実践し、指示を矢継ぎ早に出し、その回答を早急に求めた。しかし、のんびりしていた経団連事務局では、それが出来ない人が多かった。それで、事務局の中でも働きの悪い人々は、「ここでは日本語が通じないのか」と土光に怒鳴られまくることになったのである。

その一人が、のちには立派に会長秘書を務めることになる居林次雄であった。土光は居林に、「君ら経団連の連中は、国鉄と同じように潰れないと思って怠けているんだろう。わしが経団連を潰してやろうか」と土光の会長就任間もない頃に言われたという。また居林は、「皆、殺されそうな圧迫を感じて、病人続出であった」とすら書いている（『財界総理側近録』14頁）。

土光は石油ショックで混乱する日本経済という当時の経済情勢の厳しさに危機感を感じ、それにふさわしい対応のスピードと適切さを経団連事務局に求めたのである。いわば、土光流意識改革であった。

意識改革は、役員をしている同僚の経営者たちにも向けられた。まず土光は、従来は彼らが委員長を務めてきた多くの委員会を廃止し、委員会の数を三三から二五に減らした。それだけ名誉職的な委員長のポストが減ったのである。

また土光は、夜の宴席の入る会議は一切やめた。その代わりに、朝食会をひんぱんに開いた。政治家とも夜の懇談はしなかった。ある時など、エリザベス女王が来日して宮中で晩餐会が行われた時にも、「年寄りでございますので」と天皇陛下からのご招待を断ったというほどの徹底ぶりであった。

土光会長のもとで経団連副会長を務め、後に行政改革推進審議会の会長代理を土光の懇請で引き受けた三菱鉱業セメント会長だった大槻文平は、土光が逝去した後に彼を偲ぶ座談会が経団連副会長経験者たちで開かれた時、こんな感想をもらしている。
「一つ感心しているのは、六年間土光さんとともに経団連の仕事をやりましたが、ただの一度も会長・副会長が一緒に酒を飲んだことがなかったことだ。僕は驚いたね。普通の人ならばそんなことはないんだが」(『経団連月報』一九八八年一〇月号、63頁)
また、土光は地方経済団体の意見を聞くことも重視し、全国行脚を積極的に行った。毎月のようにあるこの地方出張を、土光は日帰りを原則として始めた。一泊すると、現地に夜の宴席の手配などで迷惑をかけるというのである。北海道、九州すら日帰りが原則で、これでは体がもたないと年長者も多い副会長連中からクレームも出た。
そこで、地方出張の日帰りはやはり無理ということで、現地に一泊することに後になるのだが、それでも夜の宴席はお断り、宿泊の翌日は午前中に工場見学などの現地視察を必ず加えるということにしたという。しかも、宿泊のホテルは贅沢な部屋は要らないといってシングルルーム。そこへ地方の名士である地方企業経営者が挨拶に訪れ、土光の生活の質素さに驚くというわけである。今度の経団連会長は違うぞと、土光人気は高まった。

土光は地方出張でも現場視察を加えるという現場主義だったのだが、そうした現場の声を集めて政府首脳に陳情することが経団連の重要な役割と土光は考えたのだろう。土光自身がこう書いている。

「地方経済団体をたんねんに回った。あらゆる事情を知り尽くさねば気の済まぬ私の性格もあるが、石油ショックで意気消沈している経営者たちを元気づける意味もあった」（『私の履歴書』135頁）

経団連事務局への意識改革、役員たちへの意識改革、そして現場での情報収集と現場に自分の姿を見せることの効果、これらは東芝時代と同じような直接話法の経営で、土光の面目躍如たるものがある。

## ――経済政策に大活躍

土光に怒鳴られたのは、経団連事務局ばかりではなかった。土光が経団連会長として石油ショック後の日本の経済活性化のために政府・自民党への進言と要請を精力的に繰り返していた際の様子を、時の副総理・経済企画庁長官だった福田赳夫は七五年末の経団連評議員会の挨拶で、こう言った。

「この一年、私は土光さんに怒鳴られっ放しだった。ドコウ（土光）さんでなく、ドゴウ（怒号）さんだ」

この言葉を土光自身が『私の履歴書』で引用しているのだが、それに対する土光の言い訳が傑作である。

「私としては、決して怒ったことはないつもりだが、もともと地声が大きいし、議論に熱が入ると、思わずテーブルをたたく癖がある。それを怒ったように受けとられるのかも知れない」（『私の履歴書』135頁）

東芝での土光と、同じである。土光は経団連会長になって政治家を相手にしている時も、東芝時代と変わらぬ態度で自分の意見を懸命に主張していたのである。

土光の政策への提言は、もちろん業界や地方経済団体などの要望を経団連として汲み上げたものが中心ではあったが、土光カラーが色濃く反映されたものもあった。その典型が、石油ショック後の経済安定と景気刺激の政策であり、日本のエネルギー確保のための資源政策であった。

当時、原油価格が一気に四倍になるというオイルショックで、日本を狂乱物価のインフレが襲っていた。したがって、経済政策の最初のポイントはインフレ抑制であった。そのために経団連としてできることは、企業に製品値上げ抑制を訴えることであり、また物価抑制のために賃上げ抑制を訴えることである。その両方で土光は素早く積極的な発言を続けた。「企業は赤字を覚悟しても歯を食いしばって頑張るべき」と土光は言い、賃上げについても春闘の賃上げ率を低く抑えることを先鋭に主張した。

たとえば早くも七四年夏に、「昨年のように三〇％以上もの賃上げを今年もしたら、日本経済は沈没する。今回は一五％以下に押さえ込まなければならない。個別企業は、支払い能力を考えて、独自の賃上げを決めるべきで、もはや右へ倣え方式の賃上げは許されない」と経団連理事会でぶち上げたのである。

春闘に関する経営者側の意見は日経連会長が主に担当することになっている分野であるから、経団連会長としては一種の越境発言であるが、それを土光はあえて行ったのである。そして、それがものの見事に当たった。日経連が賃上げ率一五％以下というガイドラインを公表したのは、七四年一一月のことだった。

そしてインフレ抑制がうまく行き始めるとすぐに土光は、物価抑制のための総需要抑制策から転換して、景気刺激策に踏みきるべきだと主張した。景気刺激のためには赤字国債を発行しての公共事業費拡大も容認すべきだとも主張した。主張の時期は七五年三月、まだ春闘の結果が出ていない時だった。経営者の中には、「土光さん、なにを血迷ったか。まだ早過ぎる」という声も強かった。

しかし、土光には経済の悪化の様子は実に厳しいという危機感が強かった。結局、春闘は賃上げ率一三％に収まり、経営側の勝利に終わった。そして、政府の景気刺激策も土光の主張の方向でどんどんと進んでいった。その後、景気は着実に上昇気流に乗ることになり、土光の政策提言は適切であることが証明されていった。そうした政策を積極的かつ行動的に社会や政府に働き掛ける土光の姿は、経済界で頼もしく映ったであろう。

こうして土光の財界での評価は、経団連会長就任後の二年の間に、急速に上がって行った。その結果、財界総理という言葉が土光にも似合うようにもなり、前任の植村経団連会長の時代には使われなくなった「財界総理」という言葉が、再び土光を形容する言葉として使われるようになった。

ただし、このオイルショックに端を発する経済対策としての赤字国債による景気刺激が、その後の一つの政策パターンとなってしまう。それで国の借金が増えすぎて八〇年代の行政改革の必要性が出てくるのだが、それは歴史として後の話である。土光が行革のための臨時行政調査会会長に委嘱されるのは八一年のことだが、その仕事が必要となる種の一つは、皮肉にも土光自身が蒔《ま》いたものであった。

## 民間外交にも積極的

土光は民間外交にも熱心だった。とくに中国やソ連といった、それまで財界との民間外交があまり盛んでなかった国を重視して、積極的に経団連使節団を組織して訪問した。アメリカなどは他の財界人がすでに持っている民間チャネルに任せて、ほとんど訪問をしなかった。

土光は経団連会長としての最初の海外訪問先に中国を選んだ。一九七五年一〇月のことである。中国からのエネルギー資源輸入の重要性が、土光の頭の中にはあった。オイルショックの結果として、中東からの原油にばかり依存していられない状況になっていた日本だったのである。

田中角栄内閣が電撃的に日中国交正常化を成功させてから、まだ三年しか経っていなかった。日中間の貿易もあまり巨額ではなかったこの時期に、土光は中国に目をつけたのである。そして、副会長全員も経団連使節団に参加することになり、マスコミ関係者も含めて五〇人規模の大使節団が中国を訪問することになった。

中国からは石油や資源の輸入を、日本からはプラント輸出や技術協力で、という双方にメリットのある案を土光使節団は持っていった。中国側もそれを歓迎した。中国側の歓迎の一つの表現は、今も昔も大規模な宴会である。北京の人民大会堂での大宴席に、日本では一切の夜の宴席に出ない土光も参加して、中国側参加者と茅台酒《マオタイ》の乾杯を繰り返した。中国側では土光さんは酒豪だと人気になり、よけいに乾杯のリクエストが入るのである。八〇歳になろうとする年齢で日本では受けない乾杯を続ける土光の姿に、使節団の人々は頭の下がる思いだった。

七六年には、八月にソ連、一〇月にイギリス・西ドイツ・フランスなどの西欧諸国へ、短期間の間に二度の経団連ミッションを土光は率いた。土光は中国の次の海外訪問国にソ連を選んだのである。中ソのバランスをとったのだろう。そして、中国もソ連も、冷戦構造もあって政府間の交流が必ずしも円滑にはいかない国で、その分だけ民間外交の重要性の大きい国であった。

ソ連訪問は停滞していた日ソ経済交流の促進が大きな目的だったが、西欧訪問は貿易摩擦問題への対応が目的だった。当時の日欧間には、日本側の大幅貿易黒字の問題があり、経済界としても対日制裁などを避けるための動きが必要とされていたのである。ここでも、政府間だけではなかなかうまくいかない貿易問題に、民間外交の出番があった。

どこの国に行っても、土光使節団は相手の国のトップが直接会ってくれる、インパクトのある使節団だった。ソ連では、時の共産党書記局長ブレジネフを避暑先のヤルタにまで訪ねることになった。少人数の陪席者に絞った土光とブレジネフの会談は、大いに盛り上がって予定時間をはるかにオーバーし、ブレジネフが昼食のパーティに招待したいと言い出すほどだった。二人の打ち解けた様子の写真が報道されるだけで、日ソの雪解けムードが高まる効果があった。

一方、貿易摩擦問題を抱えた西欧諸国への訪問は、緊張感に満ちたものになった。日本の貿易政策の不公平さや対日制裁にイギリス、フランス、西ドイツなどの政府首脳が土光に対して直接言及することが各国で続いた。日本国内で受け止められているよりもはるかに厳しい貿易摩擦の状況に、土光は「外務省や通産省、そして商社は一体何をしているのか」と不満をもらした。そして土光は、日本からの輸出自主規制を約束させられる一歩手前まで追い込まれ、約束こそしなかったが「このままでは済まないだろう」という発言をすることになる。

## 政治にもの申す

こうした民間外交を積極的に行ったことで、土光の評価は高まっていった。その上、経済政策でも外交政策でも、「政治にもの申す」というスタンスをきわめて明確にしていたから、土光の存在感はますます高まった。

その代表的な例が、政治献金問題についての土光の発言である。

土光が経団連会長に就任した直後の一九七四年七月、参議院選挙で自民党が大敗する。田中内閣の時代だったが、田中の金権選挙と話題になった選挙で、金権問題への国民の不満が爆発したのである。これを受けて土光は、「政治にカネがかかりすぎる」「政治献金は企業献金でなく、個人献金にすべき」と発言し、「経団連は自民党への政治献金の取りまとめをもう止める」とすら記者会見で言った。七四年八月のことである。

そして七四年一〇月には、田中金脈問題が起きる。ジャーナリストの立花隆が一〇月発売の『文藝春秋』に、「田中角栄研究――その金脈と人脈」という特集記事を発表したのである。信濃川河川敷などを利用した田中の資産形成を暴いた記事であった。日本中が大騒ぎになった。田中が通産大臣の頃から貿易問題などで接触があった土光は、田中の手腕を買っていた。しかしその記事を読んだ土光は、眠れない夜を過ごし、とうとうすぐに総理官邸に田中を訪ねた。土光は田中に辞任を勧め、こう言った。

「あなたは今日から石の地蔵さんになってほしい。石の地蔵さんは頭を丸めて赤いちゃんちゃんこを着ている。ボクがあなたに赤いちゃんちゃんこを着せるのだ」(『土光敏夫

21世紀への遺産』116頁）

田中は「あの記事はうわさ話を集めたもの」と土光のアドバイスに耳を貸さなかった。しかし、騒ぎはますます大きくなり、結局、田中は二カ月後の一二月に内閣総辞職に追い込まれることになった。その前に総理官邸に経団連会長が乗り込んで総理に辞任を勧める、という究極の「政治にもの申す」があったことは、当時のマスコミに知られることはなかった。

田中内閣の後を受けた三木武夫総理の時代にも、土光は総理を叱っている。三木内閣が誕生した翌年（七五年）、三木総理と自民党三役、それに経団連幹部で朝食会が開かれた時のことである。土光は「オイルショックの後遺症が深刻だから然るべき景気対策を打たないと日本経済は底割れしてしまう」と危機感のあふれる持論を総理の前で展開した。それにたいして三木はまともに答えられず、政治情勢の説明のみに終始して土光は肩透かしをくわされた格好になった。

そして、その場の三木がいつまでも、○○県知事選挙で自民党候補が勝ったというような話を続けることに我慢ができなくなった土光は大声で、

「経済の底割れが起こったら何となさるのか」

と総理に一喝を食らわせたのである。陪席者の中には顔面蒼白になる人もいたという。

幹事長として同席していた中曽根康弘がそこは引き受けて、経済対策を総理と自民党三役と共同して懸命にあたる所存だと答えた（『財界総理側近録』111頁）。

土光はこの会合の後、中曽根を評価するコメントを周囲にもらしている。中曽根の方も、日本全体のことを考える余りに総理を面と向かって叱る土光に、強く印象づけられたであろう。後に、臨時行政調査会の会長には土光しかいないと中曽根が考えるに至る伏線となった一つのエピソードだろう。

田中金脈問題は、さらに七六年二月のロッキード事件に飛び火する。アメリカの航空機メーカーであるロッキード社の旅客機を全日空が発注する際に、田中が両社の間に立ち、収賄罪に問われた事件である。七六年八月に田中が東京地検特捜部に起訴されると土光は、「悪い奴はどんどん引っ捕らえたらいい」というコメントを発表した。清廉潔白な土光のスタンスが、政治の世界にもマスコミの世界にも、そして世間にも伝わった。

その延長線上に、七七年三月の右翼団体「楯の会」のメンバーによる経団連会長室襲撃と立てこもりという事件があるのだろう。

「楯の会」は小説家・三島由紀夫が作った団体で、三島が一九七〇年一一月に市ケ谷の防衛庁に乗り込み、自衛隊に決起をうながす演説をしたのち割腹自殺をするといういわゆる三島事件を起こした時に、三島と行動をともにした若い人たちがこの会のメンバーだった。

会自体は三島事件ののちに解散したが、この会のメンバーだった四人組が経団連を訪れ、土光に面会を求めたのである。土光自身は関西出張中で留守だったが、四人組はピストルを見せて会長室に立てこもり、「ヤルタ・ポツダム体制の打倒」を訴える檄文を発表した。その中では、経済界の営利至上主義が日本を堕落させたと財界も指弾されていた。

四人組は立てこもり開始から一一時間後に、三島の妻・瑤子の説得で投降した。土光は簡単なコメントを関西で発表しただけで、事件そのものには関与していない。しかし、なぜ経団連会長を標的にしたのかを問われたメンバーの一人はのちにこう語っている。

「わかってくれるんじゃないか、と思ったんです。土光さんなら。日本の政策を正すよう、頼みに行った。財界では一番の愛国者だし、戦争体験もある」（『気骨』237頁）

それが、右翼の若者の認識だった。土光のこうした評判は当時、広く日本中に広まっていたと思われる。だから、まったく方角は違うが、政府の科学技術関係者からも土光待望論が出てくる。七八年九月に科学技術庁が参加推進を決めた国際科学技術博覧会（科学万博）の会長候補としてである。右翼の経団連会長室襲撃事件から一年半後のことであった。

土光は実は、経団連会長としての一期目の終わりごろから、退任したいと周囲に語るようになっていた。記者連中にも、七七年の正月のインタビューで「今年は会長を退任したい」と言っていた。退任の理由は「老害の追放」である。自分自身が七七年九月には八一歳になる。自分がいつまでも経団連会長をやっていては、日本中の会社の社長や会長たちが「まだ大丈夫」と思うような悪い見本を示していることになる、自分を追放することが日本のためになるというのである（『財界総理側近録』99頁）。

東芝の会長も七六年六月には退任して、すでに取締役相談役に退いていた。しかし、経団連会長の後任は適任者さがしに難航し、土光は二期目も会長を続けることになった。そうして二期目が一年ほど過ぎた七八年九月、科学技術庁から科学万博協会会長就任の話がくるのである。

会長候補選びでは、松下幸之助か土光敏夫しかいないという議論だったそうである。土光は、引き受けた。技術者として、日本の科学技術の発展には大きな関心があったし、資源エネルギー問題への関心の深い土光は、資源の限られた日本のエネルギーの将来についても科学技術の力が必要だと深い関心をよせていた。経団連会長としても、日本のエネルギー問題解決へ向けての活動がかなり多かったのである。

そして、科学万博（八五年開催を想定）は、一九七〇年の大阪万博に続いて日本で開催される国際博覧会である。石油ショック後の低迷に悩む日本への刺激としても、また大阪万博会長を務めた石坂の後を継ぐと言う意味でも、土光はあえて科学万博会長の仕事を引き受けたのであろう。この博覧会はつくばで開かれることになるが、本田宗一郎や井深大などそうそうたるメンバーが協会理事を務める国家的行事となっていく。

こうしてさまざまな方面から信頼を寄せられながら、八〇年五月、土光は経団連会長を二期六年で退任する。後任は新日本製鉄会長の稲山嘉寛であった。東芝の社長退任から八年弱、財界総理と呼ばれるにふさわしい経団連会長として、また清貧で総理大臣にも正面からもの申せる人物として、社会の各方面の高い評価を得るにまでなった。石坂に言われた「国家という巨大なビルづくり」で、土光はたしかに大きな仕事をしたのである。

## ――第三の難題、行革が飛び込む

そうした大きな仕事をなし遂げたことが、実は次の難題、土光にとっては人生三つ目の大難題を呼び込むことになってしまったようだ。

政府の第二次臨時行政調査会（以下、臨調）の会長就任の懇請が、時の中曽根行政管理庁長官から飛び込むのである。人生はどこまでもつながっている。経団連会長は、臨調会長への助走にすぎなかった。臨調会長として、土光は行政改革と日本再建の国民的リーダーになっていく。

行政改革が日本の政治の大きなテーマになっていくのには、田中金脈問題以来の日本の政治の動きが影響していた。そして、行革が政治の大きなテーマとなった後、その大きな舞台にふさわしい千両役者として、土光が主役を懇請されることになるのである。さらに、土光がその舞台を見事に仕切ったおかげで行革に国民の多くの関心が集まり、その結果として土光はまれに見る国民的リーダーになっていった。

それが、土光が経団連会長を退任した直後の一九八〇年秋に始まった、行政改革のドラマとそこでの土光の役割の基本的筋書きである。

金脈問題に端を発した田中内閣崩壊のあと、内閣は三木、福田、大平と変わっていく。三木内閣の時にはクリーンな政治、福田内閣では経済再建が政治の主なテーマだったが、大平内閣へと福田内閣から移行する時、有名な田中・福田の政治抗争が生まれ、その中で大平正芳が田中の支援のもとに総理となる。大平は、財政再建のための一般消費税創設を大きな政治テーマとしたが、党内抗争もあって、挫折した。

自民党の党内分裂による大平内閣不信任案可決という異常事態のもとで、大平は衆議院を解散して総選挙に臨む。それは自民党内が分裂したままの苦しい選挙戦となった。その重圧もあってか、大平は選挙期間中に心筋梗塞で急死する。現職総理の急死という異常事態に、自民党の分裂も収まり、大平の弔い合戦となった総選挙で自民党は勝利する。

その結果として八〇年七月に誕生した大平派の鈴木善幸内閣では、すでに国債発行残高が八二兆円にもなっていることを重要視し、財政再建を引き続いて大きなテーマとした。そして、田中に疎まれて存在感の小さな行政管理庁長官のポストしか与えられなかった中曽根康弘が、自分の担当分野である行政改革に眼をつけた。行政改革を行って増税なき財政再建をするというのである。

そこで、鈴木内閣出発から四カ月後の八〇年一一月、第二次臨時行政調査会の設置が国会で決まった。第二次というのは、一九六二年に臨時行政調査会が設けられており、その答申も出ていたからである。しかしこの答申は、ほとんど実行されることはなかった。

今度は、役人の誰もがいやがりそうな行革に真剣に取り組む姿勢が必要で、しかも実行できる行革とすることが重要である。そのためには本格的な臨調を作る必要があった。これが、行革が日本の政治の大きなテーマになってきた大まかな経緯である。

そして行革の担当大臣である中曽根は、誰しもが納得する財界のリーダーが新しい臨調会長に就任する他に行政改革成功への道はない、と考えた。財界からは、オイルショック後に民間企業が行った血のにじむような努力に比べて、行政の身の削り方は甘すぎるという意見が大きかったのである。

そこで当然に、この時すでに経団連会長を退任して半年が経っていた土光のことが、中曽根の頭に浮かぶ。清貧でかつ剛腕、財界での重みもあり、そして総理にももの申せるという経団連前会長は、まさに行革に打ってつけであろう。

それに、土光自身がすでに一九七五年五月の経団連総会での会長あいさつで、「崩壊へ向っている日本社会をくい止めるには、行政改革という手術によるほかはない」と述べていた。早くも七五年から土光は、当時の日本を古代のローマ帝国が崩壊していったプロセスになぞらえ、国民が政府から与えられる「パンとサーカス」、つまり食いぶちと娯楽に甘えている間に国が衰えていくことへ、警鐘を鳴らしていたのである。

そうした土光に臨調会長の白羽の矢が立つのは、当然だったのかもしれない。鈴木総理の「土光さんなら座りがいいね」という承諾もとって、中曽根は土光の説得に乗り出す。

しかし、土光は断り続けた。中曽根は、自分が直接説得するよりも、と思って経団連事務総長の花村に説得を依頼したが、土光は「もう八四歳だ」と首を縦に振らない。中曽根は別ルートで土光と会う段取りを付けて、直接に口説いた。それでも、土光は断った。「日本に明治生まれはもう五％もいない。そんな人間を将来の日本のことを考える大事なことに使うな。若い世代でやってほしい」と言い続けた。正論ではある。

それでも中曽根は粘り、経団連の副会長たちを説得した。彼らも、土光さんしかいないという意見なのである。こうして外堀を埋められた土光は、周囲の「お国のために」という言葉に、最後は弱かった。土光殺すにゃ刃物は要らぬ、お国のためだと言えばいいとさえ言われた土光の性格であった。こうして政財界総ぐるみで応援するとまで言われて、「最後のご奉公」と土光はひとまずは臨調会長就任を受諾した。

しかし、八一年二月に会長を含む臨調メンバーの人事案件が国会の承認を得た後も、土光は最後の粘り腰を見せた。三月一一日の総理との朝食会の場で、鈴木総理に四項目の確認事項を文書で申し入れたのである。口頭申し入れではのちにうやむやにされることを避けた文書による申し入れで、それを総理が呑まなければ臨調会長は辞退するという意味の強い申し入れのつもりだった。総理はその確認事項は受け入れないだろうから、そこで臨調会長を断れるという思いもあったと周囲の証言もある。もっとも、国会まで通った人事をこの段階でひっくり返せると土光自身が思ったかどうか、疑問であるが。

その確認事項の概要は、つぎのようなものだった。

一、政府は行政改革の答申を必ず実行すること

一、増税なき財政再建を貫くこと

一、地方の行政改革を進めること

一、国鉄を初め三公社・五現業の行政改革を進めること

これをもっとくわしく文書化したものをタイプ印書して、臨調会長を引き受ける条件として総理大臣に手渡したのである。同席者は宮沢喜一官房長官と中曽根康弘行政管理庁長官。政治家としては、「増税なき」とか「国鉄の改革」とか、地雷を踏みそうなことが沢山ちりばめられた確認事項である。鈴木善幸はその文書をじっと読んだ後、これで結構、鈴木内閣の仕事は行政改革に尽きると言って四項目の条件を呑んでしまった。総理自身が、自分の政治生命を賭けると言ったわけである。会長を断るためにさらに粘り続けることは、土光にとってもう不可能だった。

こうして八一年三月一六日、総理官邸で最初の臨調の会議が開かれ、土光臨調がスタートした。オイルショック直後には経団連会長として当時の副総理福田赳夫に国債発行によって財源を作っての景気刺激を訴えていた土光が、今度は臨調会長として、一〇〇

兆円の国債を抱えた財政の再建を行政改革によって行う国家的活動のリーダーとなったのである。皮肉といえば皮肉な歴史の巡り合わせである。

## ――太い線を示し、脇にそれず、つまらないことをしゃべらない

臨調は、その設置そのものが二年間の時限立法で、したがって土光は一九八三年三月一五日までに答申を終える必要がある。この八一年三月から八三年三月までの二年間は、土光にとって悩みも多いがしかしきらめくような二年間となった。八四歳にして、人生の中でもっとも輝く時期、土光のよさがもっとも生きる役回りが回ってきたのである。ただし、自分の命を削りながら、となってしまうのだが。

臨調は、巨大な組織となった。会長の土光、会長代理に日本経済新聞社顧問の円城寺次郎、調査会の取りまとめ役兼政界との調整役として伊藤忠商事特別顧問の瀬島龍三、この三人がトップのトロイカを構成し、さらに正委員が六名、経済界、官界、労働界、学界から選ばれた。その下に、専門委員が二一名、各省からの出向の調査役が七八名、さらに参与三九名、顧問五名である。事務局スタッフも含めると、総勢約二〇〇名となる。

専門委員には、各省の事務次官クラスの経験者が多く送り込まれてきた。大蔵省をはじめ、建設省、運輸省、農林省、通産省、行政管理庁などである。さらに、調査役には各省がエース級の課長補佐を投入した。ことが行政改革なのだから当然とはいえ、このメンバー構成が各省の本気度を示していた。これだけの豪華メンバーの審議会は、日本の戦後の歴史にも空前絶後だろう。

臨調は二年間に五つの答申を出すことになるが、その最初の答申の時期は八一年七月一〇日、と鈴木総理が最初の臨調会合（八一年三月）で設定した。発足後、わずか四カ月しかない。事務局も含めた審議の基本体制が本格的に固まったのは、五月半ば。臨調全体の審議事項、緊急課題、部会体制などの事務局原案を土光が納得して承認した時である。

事務局全員の人事を考えると、それでも超高速でできあがった体制というべきだろう。この五月の基本体制決定までは、土光は官僚ばかりの事務局にまだ信頼を寄せていなかった。「キミたちは、敵か見方か」とすら事務局の幹部に問うたことがあったという。彼らが真に行革推進派だと土光が信じた時、土光と事務局の一体感が生まれた。経団連に会長として乗り込んだ初期に事務局を信頼していなかったのと同じである。

戦場のような騒ぎの中で、三つの部会に分かれた専門委員たちの議論が始まった。その議論の様子を、会長の土光は深い専門的知識が十分にはないままに、聞かざるを得ない。国の行政全般なのだから、土光といえども専門知識がある分野は限られているのは仕方ない。それに、臨調メンバーの人選なども、土光の意思ではないだろう。

その大組織の、国家の行政全体を対象とする緊急作業が必要とされていた。会長としてどんなスタンスで全体を運営すべきか。つまり、臨調の経営者としての自分はどう振る舞うべきか、それを土光はまず考えただろう。

土光の様子を、臨調の会議でつねに土光の右隣にすわって全体の進行役をやっていた瀬島は、こう語る。

「花村さんや東芝の岩田さんから、土光さんは会議の時、冒頭からバシッと自分の意見をいい、リーダーシップをとる、厳しい人だと聞かされていましたから、臨調もそういうやり方だろうと、考えていたのですが、全く違うのです。……

事務局が議題の説明をしますが、黙って聞いているのです。自分の考えを全くいわない。相当の忍耐力が必要ですよ。

議論というのは峠があります。そのあたりになると、ボクの左の足をつつくのです。『そろそろお前が発言せよ！』そういう意味ですな。ボクが両方の言い分を聞き分け、整理して発言します。

すると、土光さん、間髪を入れず、『本日の会議はこれで終わります。』……審議会は、賛否両論ありますし、痛みをともなう場合もあります。委員の気持ちを、実によくつかんでいましたね」（『無私の人』２６５頁）

臨調事務局からも、同じ趣旨の証言がある。

「臨調のような大きな仕事は、中心になる人がどっしりとかまえていて、細かいことは事務局にまかせ、つまらない事はしゃべらないことが重要です。その点、土光さんは立派でした」（『無私の人』２６５頁）

「土光さんは、太い線を示し、脇道にそれませんでした。政治家に頭を下げることもなく、泰然とことに当りましたね。土光さんでなくてはできなかった行革で、まさに〝土光臨調〟でした」（『無私の人』２６６頁）

こうした証言のエキスを、この項の小見出しにしたのである。

## ――田中角栄も本田宗一郎も、行革に協力

臨調スタート後の最初のヤマは、八一年七月の第一次答申（緊急答申）の総理への提出であった。

その答申は、緊急事項を中心に臨調の骨格を定めたものとなった。議論は、さまざまに紛糾した。社会福祉経費から公務員の人件費まで、すべての大きな行政課題が議論の対象になるのである。専門部会の中の特別部会、分科会、ワーキンググループ、果ては裏臨調とさまざまな場で昼も夜も議論が続けられた。「政府の歳出削減や収入確保」をテーマとする第一特別部会の部会長は住友電工会長・亀井正夫、「行政の合理化、効率化」をテーマとする第二特別部会の部会長は慶應義塾大学教授の加藤寛だった。

二つの特別部会の議論を横で聞きながら、全体の会議にはすべて主宰者として出席した土光は、政治家や官僚の思惑で答申が骨抜きにならないか、ずいぶんピリピリして苛立ちも多い日を送っていた。とくに、公務員の問題や官業の見直しを担当する第二特別部会は、対立が激しかった。それでも、七月一〇日の総理への提出期限までに答申をまとめなければならない。

七月上旬、答申案取りまとめのための最後の第二特別部会が開かれた。午後一時に始まって午後四時に終わる予定の会議は、六時をすぎてもまとまらなかった。部会長の加藤寛は、まとまらないかもしれないとあきらめかけていた。しかし、とうとう七時には一部委員が折れてやっと答申案がまとまる。

加藤は会議室の隣の部屋へ会議終了後に連れていかれて、驚いた。ふだんは五時には帰宅するはずの土光が瀬島とともに、祈るような気持ちで待っていたのである。そして、「まとめてくれてありがとう」と加藤の手を握る。加藤は、それまでの苦労が一遍に飛んだと語っている(『無私の人』260頁)。

こうした土光の態度・背中が、臨調という会議体を動かす一つの原動力に、いつの間にかなっていた。ここでの加藤は、その原動力に素直に反応しているのである。

さまざまな紆余曲折の後に八一年七月一〇日、第一次答申を総理官邸に持っていった土光は、その後、随分と余裕のある態度になったという。臨調関係者がよくやってくれたことに安心もしたのだろう。そして答申がこうしてきちんとまとまったこと自体、政界でも評価された。

その象徴的なできごとが、自民党最大派閥の田中派の対応であった。この緊急答申が出るとすぐ七月中旬に、瀬島を通して田中角栄が、土光を慰労の席にお招きしたいと言ってきた。いやがる土光を瀬島が何とか説得して昼の料亭の席に連れていくと、そこには田中派の幹部たちが田中角栄とともにずらりと並んで待っていた。

田中は正座すると、土光に次のようなことを言った。

「歴代の内閣の不始末の処理を高齢の土光さんにお願いして、申し訳ない。あの緊急答申は全幅同意ですので、今後も臨調の出される答申の実行については田中派はあらゆる

協力をすることを誓います」（『無私の人』262頁）

こうして土光臨調は順調なスタートを切ることができた。土光臨調への風が吹いてきたようだった。

しかし土光は、国民の一人ひとりが行革を自分の問題として受け止めなければ、真の行革とはならない、政府任せではダメで行革を国民運動にしなければならないと考えていた。そのために、八一年夏頃（つまり緊急答申が出たすぐ後）から、行革のための国民運動の組織化が関係者の間で議論され始めた。それはいわば土光応援団を国民的規模で作るということなのだが、土光自身はその中心に三〇年来の知己、本田技研工業の創業者・本田宗一郎になってほしいと思っていた。

土光は、八一年秋に群馬県で開かれたボーイスカウト日本連盟の総裁、本田は副総裁であった。土光はボーイスカウトの催しに参加していた本田を訪ねた。土光はボーイスカウトの総裁、本田は副総裁であった。二人で群馬の自然の中を歩きながら土光は、「百兆円を越す借金がある国を今のうちになんとかしなければならない」と、本田に行革のための国民運動をやってほしいと熱く語った。本田は、自分より一〇歳も年長の土光が日本の未来を案じていることに、無感動ではいられなかった。

「こんなことは大勢でにぎやかにやった方がいいと思いますから、友だちの井深さんを誘っていいですか」と本田が答えた。こうして、本田とソニーの創業経営者井深大の二人を中心とする行革推進全国フォーラムというボランティア団体ができ、二人は八二年から活動を始めるのである（『土光さんから学んだこと』16頁）。

## ――メザシの食卓の全国放映

臨調の議論自体は、夏休み明けの八一年九月から再始動し、部会を四つに編成し直し、八二年二月の第二次答申で許認可などの整理合理化を扱い、そして国鉄の改革を含む三公社のあり方については八二年七月に出る予定の第三次答申に盛り込まれることとなった。三公社改革を扱うのは第四部会で、部会長は加藤寛、部会長代理は元運輸事務次官の住田正二という布陣となった。

国鉄の分割民営化を視野に入れた三公社改革は、当初から臨調の最大の問題と思われていた。当時の国鉄は十六兆円の累積債務を抱え、政治に翻弄されて事業体の体をなしていなかった。しかも、日本最強と言われる労働組合もある。国鉄改革は、歴代内閣も先送りしてきた大難題なのである。したがって、こうした答申の作業日程を決めたということは、八二年七月が土光臨調の最大のヤマ場になることを決めたに等しかった。

たしかにそうなった。第四部会は分割民営化の方向で答申をまとめようとするのだが、国鉄自身も運輸族議員も、さらには地方赤字路線を抱える地域の住民も、国鉄の民営化に反対なのである。それらの利害の巨大なせめぎ合いの中で、七月のクライマックスへと臨調の議論は摩擦熱を高めていった。

第三次答申提出の日は八二年七月三〇日と予定されていたが、その一週間前の七月二三日、NHKのテレビカメラが土光家に入り、質素な夕食の様子と土光夫婦の日常の会話を撮影していった。その夜に全国放映されたNHK特集「85歳の執念　行革の顔　土光敏夫」の一部である。この放映は、国民の中での土光の存在を、「メザシの土光さん」として一気に高める出来事となった。

番組は、土光の毎朝の読経を紹介し、朝食は一〇年間決まったように自家製のヨーグルト、自分の家の畑でとれた野菜、そしてこれも自家製のコンフリーのジュースなどと質素な日常生活を紹介していく。そしてその日の土光家の晩ご飯は、これも自分の家でとれたキャベツと大根の葉のおひたし、その日に知人からもらったメザシ、そして玄米ご飯。

メザシは子供の頃からの土光の好物だった。この日のメザシはたまたまもらい物だったが、そのメザシを入れ歯のない健康な歯でガブリと食べる土光が、テレビ画面に大きく映った。あの元東芝社長、前経団連会長が、長い間この質素な日常生活か、メザシとおひたしだけの夕食か、と全国の視聴者が感激した。NHKには放映中から感激の電話がひっきりなしにかかってきたという。

メザシのNHK放映は、経団連事務局がしかけたといってもいい、行革への国民の理解を高めるための情報戦の一環だった。NHK特集そのものの企画は臨調の最大のヤマ場をにらんだNHKの考えであろうが、その中でNHKは質素な土光の日常を紹介するため自宅にカメラを入れたいと経団連事務局に申し入れた。

土光は最初はにべもなく断った。公私混同はいやだというのである。そこを事務局は「贅沢な料亭で宴会をしている財界人や政治家ばかりで議論していても、行革への国民の理解は得られない。土光さんの日常生活が行革への国民的共感の材料になる」と説得した。土光は最後に、一度だけ、ということで許可したのである。

情報戦は大成功であった。「メザシの土光さん」というニックネームがこれで定着し、土光人気が一気に高まった。民意に敏感な田中角栄もこのNHK特集を見て、「あの人が行革をやるのなら、文句は言えん」とあらためて納得したという。田中派の幹部を揃えての料亭での昼食から、もう一年が経っていた。

田中角栄の反応は役所や政治家の気分を象徴していたようで、この放映の日をさかいに、行革への政治家の反対、役所からの抵抗はピタッとおさまり、臨調の審議は急ピッチで進んだという。

国鉄再建問題は、分割民営化派が結局は大勢を占め、国鉄再建監理委員会を強力な委員会として設置するという答申となった。国鉄改革も含めてその他の多くの行革問題への取り組みの基本骨格を示す第三次答申が、無事、七月三〇日に土光から鈴木総理に手渡された。

土光は答申後の記者会見で、「国民が行革に関心を持って、自分の利害を主張するだけでなく、自立・自助の精神を持ってほしい」と国民へ期待のコメントを述べた。実は、多くの国民から行革反対の葉書が土光の自宅にも大量に届いていたのである。それを踏まえた、土光の国民への願いを吐露した記者会見だった。そして、同じメッセージを伝えたいがための、メザシの食卓放映だったのであろう。土光は自分の姿を国民の目にさらすことによって、行革に浮揚力をつけたいと真剣に考えていた。

## 行革のカリスマ

土光の臨調会長就任を「座りがいい」と承諾したのは総理の鈴木善幸だったが、この第三次答申の頃になると土光は、「座りのいいトップ」というよりは、「臨調全体のエンジン」のような存在になっていた。だから、土光の映像で行革に浮揚力をつけられるようになるのである。

「メザシの土光さん」のイメージが全国に広まったことが、行革のエンジンとしての土光の存在の確立に大きな貢献をしたが、しかし、このテレビ放映の少し前から、土光臨調に対する国民的期待が高まっていった。それを可能にしたのは基本的には、太い道を示しながら、しかし凛とした姿勢でゆるがぬ土光の背中だったであろうが、国民に行革の土光という存在を広める土光応援団の存在も大きかった。

その最大のものが、すでに紹介したが、本田宗一郎や井深大がリードした「行革推進全国フォーラム」というボランティア団体だった。この行革フォーラムは八一年から八四年まで活動したが、その間に全国で一一三回にわたるさまざまな啓蒙集会を開いた。行革がなぜ必要かを訴える集会である。

たとえば、このフォーラムの主催する行革推進国民大会が、八二年六月二五日（第三次答申の約一カ月前）に「頑張れ土光さん　国民がついている」というキャッチフレーズで東京の九段会館で開かれた。この大会の発起人には、政財界はもとより、婦人団体、青年団体からも、そして言論界や学界からも、一五〇人を超える人たちが名を連ねていた。

もちろん、この大会の呼び掛けの中心は本田と井深である。この戦後日本を代表する創業経営者がここまで土光応援団としてのめり込むのは、何といっても人間としての土光への信頼の大きさがあった。

本田は、こう語っている。

「私がフォーラムを引き受けたのは、土光さんの憂国の情、行革に対する考え方に共鳴したからですが、しかし、それだけではない。やはり、土光さんがよこしまな考えのない真っ正直な人物だからです。経営にしても、損得だけの経営は絶対にやりませんでした。もし、金儲けだけの経営をやるような人なら、臨調会長を依頼されるはずがありません。私も、土光さんという人を信頼していなければ、フォーラムの活動なんてやりませんよ」（『総理を叱る男』17頁）

また、井深は「今の日本で最も尊敬できる人は誰かと聞かれれば、無条件に「土光さん」と答えたい」とすら言い、次のように八四年に出版された本で書いている。

「土光さんさえ顔を出されれば多くの人が無条件で納得するということはいくらでもある。これは決して他人に真似の出来ることではない。虎の衣を借りた人は世の中にはいくらでも存在するが、土光さんのように、人間の厚みのある人はだれもが自然に心服せ

ざるを得なくなってしまうのである」(『土光さんから学んだこと』27頁)

行革推進全国フォーラムを強力にバックアップした団体の一つが日本青年会議所だった。彼らが八二年七月二四日(第三次答申の六日前)に開いた青年経済人会議に土光が出席して行ったスピーチは、会場に異様な興奮を呼び起こした。土光は臨調の会議の合間に会場のホテルに出掛け、会場を埋めた三〇〇〇人に近い若手経営者たちにこう語りかけた。

「『行政改革は一日や二日でできるものではない。……国民の一人一人が率先してやらなければ……私も老骨にムチ打って一所懸命にやります。だから皆さんもどうか……明日の日本は若い皆さんのものなんです……日本を自殺させてはなりません』

土光の話の途中で、すすり泣く声が会場から聞こえたというし、土光が話し終わるともちろん大きな拍手と大歓声だった(『総理を叱る男』13頁)。

土光応援団は、実は臨調のメンバーや事務局の中にも大勢生まれていた。国鉄改革を担当した第四部会の部会長・加藤寛は、経団連会長時代に会った土光は利潤追求の権化に見えたと言い、しかし臨調会長としての土光の姿の変化に驚いたという。

「あのギラギラと貪欲にみえた土光さんの顔から、全く俗っぽさがなくなり、仏の姿にみえたからである。仏の姿とは、単に慈愛深い相だけではない。世の苦しさを一身にひ

きうける力強さである」（『土光さんから学んだこと』33頁）

ウシオ電機社長の牛尾治朗は、日本青年会議所の元会頭で青年会議所と土光の間をとりもった人物だが、臨調の専門委員の一人でもあった。牛尾はまた科学万博協会の若手理事でもあり、土光との付き合いも長い。その牛尾がこう語る。

「臨調を引き受けたときは、国のためという使命感だった。ところが、いまでは、土光さんに恥をかかせちゃ申し訳ないという私情が八割になってしまった」（『総理を叱る男』37頁）

事務局のスタッフも、廊下で土光と顔を合わせると土光の方から「ご苦労をかけるね」とねぎらいの言葉がまず出ることに感激し、「私利私欲なしに国と将来を心配している姿に接すると、いつのまにか土光信者にさせられてしまう。まさに臨調一家、行革一家のシンボルでした」と語っている。

臨調事務局総務課長の重富吉之助は、体が弱ってきて車椅子が多くなった土光が「君たちに迷惑をかけるな。仕事がしっかりできず申し訳ない」と弱音を吐いたのに対して、つぎのような意味のことを言ったという。

「会長は身体が弱られてもかまわない。生きていればいいんだ。生きておられることによって、行革は成り立つ」

土光は一瞬ボーッとしながら、「ああ、重富クンのいう通りだ。オレは生きていればいいんだな」と答えた。まさに土光は行革のシンボルなのであった（『無私の人』261頁）。

こうした行革のカリスマになっていった土光の一挙手一投足を多くの人がかたずをのんで見守る事件が、八二年一〇月に起きた。第三次答申から二カ月半の後である。土光が答申を届けた相手の鈴木善幸が、突然に総理を辞任するという一報が臨調の会議の最中に届いたのである。「行革に政治生命を賭ける」と言っていた鈴木が、党内抗争があったとはいえ、臨調発足後たった一年半であっさりと総理・総裁の椅子を投げ出した。

土光が怒って臨調会長を降りるのではないか、とおそれた人もいただろう。鈴木とは「男と男の約束」をして臨調会長を引き受けたはずだったからである。しかし土光は、一報を知らせるファックスを会議の席でじっと見続けたが、その後は平然と会議後の記者会見にのぞみ、鈴木辞任についてこう述べた。

「行革は日本として、どうしてもやりとげなければならない。一刻の猶予も赦されない。次を継ぐ人は、空白を置かず、鈴木首相以上の熱意をもって実行してもらいたい」（『無私の人』277頁）

それは、鈴木後継の最有力と思われていた中曽根に対するメッセージであったのだろう。実際、翌月の自民党総裁選で勝った中曽根が首相に選ばれて組閣に入る時、土光は組閣の前に中曽根に会いたいと申し入れた。中曽根はこの要請を受け、国会内で一二分ほど土光と会った。首班指名直後の新総理が組閣直前のあわただしいスケジュールの中で組閣そのものに関係のない人物に会うというのは、異例なことである。そして土光は中曽根から「臨調の責任者は私です。初閣議で、行革を内閣の総力をあげて推進するよう、指示したいと思います」という言葉を引き出した。

土光の記者会見といい、中曽根との会談といい、こうしたやり取りがマスコミで大きく取り上げられることを承知の上の、土光の行動であろう。また、中曽根がこう答えざるを得ないほど、土光敏夫の存在感は大きくなっていた。土光のカリスマ性が、臨調全体の原動力になっていたのである。

## 行革に命を削る

このように土光の存在感が大きいということは、土光への負担も大きくなるということを意味していた。その上、土光は行革へ大きな責任感も感じていた。この頃、土光はある新聞のインタビューでこんな弱音を吐いている。

「何をしていても、臨調のことが頭にあってね。年寄りには向かないよ、実際。仕事が全部片付いたら、芭蕉のように、トボトボと目標のない旅をするのが、一等いい」

経団連の土光担当秘書の並河信乃も、眠れないといって目を充血させている土光を見ている。また、土光の二男・哲夫も夜遅く自宅でブランデーを飲む父親を目撃している。

ふだんは一〇時には寝るはずの土光には、つらい日々だったろう。一九八二年九月には(つまり第三次答申の二カ月後)、土光は八六歳になるのである(『無私の人』275頁)。

すべての臨調の会議に出席し(臨調・行革審の五年間に土光が主宰者となった正式会議は三一三回あった)、大半の資料をくわしく読んでいた土光にとっては、身体への負担は大きかったにちがいない。その上、臨調会長には警護のSPがつくために、毎朝の恒例の散歩もままならなくなった。それまでの週末の日課だった畑仕事もやれなくなった。会議の回数も多くて、座っている時間ばかりが長い。

土光の身体は、足腰から弱り始めていた。そして八二年一二月には、血圧が極度にあがって東芝病院に入院したほどである。行革のために命を削っているようであった。

しかし、臨調は最後の胸突き八丁に近づいていた。八三年三月に予定されている最終答申(第五次答申)に向けて、八三年は一月下旬から週三回のペースで臨調全体会議が予定されていた。八三年一月には各部会の答申案が揃い、八三年二月には今後の行革の推進体制についての第四次答申が出た。いよいよ残すは、各部会の答申をまとめた第五次答申・最終答申のみである。

土光はその胸突き八丁を乗り切った。さまざまな妥協は存在せざるを得なかったものの、三月一四日の第一二一回臨調全体会議で第五次答申が決定され、ただちに土光から中曽根総理に手渡された。

その直後に土光が発表した会長談話は、やはり国民の役割を強調していた。

「政府は行革断行を推進していくのは当然だが、国民も答申実行の行方を見守ると同時に、政府への依存心を捨てて、自主自立の精神で、行革を理解し、協力してもらいたい」（『無私の人』280頁）

しかし、この最終答申の内容は、官僚に弱められたとマスコミに批判された。だが、土光や臨調幹部たちは、たった二年間でよくぞここまで到達したと思ったであろう。そして土光は、政府任せで行革が完成するとも思っていなかった。そして「官僚に弱められた」と評されたこの最終答申は、ますます土光に行革推進のための国民運動の重要性を感じさせただろう。

だからこそ、土光はポスト臨調での新たな役割を断らなかった。行革推進審議会を新たに発足させるから、その会長をまた引き受けてほしいという中曽根からの懇請であった。臨調が終わって四カ月、八三年七月から八六年六月まで、この行革審と呼ばれた審議会が続くのである。

もっとも、すでに体力が弱っていた土光は臨調の時ほど活動できなかったし、審議会自体もそれほど活発ではなかったようだ。それでも現場主義の土光としては、行革の真の現場は国民の精神にあると考え、その精神に語りかけることを大切にしたのである。

そのスタンスは、行革審会長になる前後から立て続けに出版される土光自身がからんだ本の内容にあらわれている。土光自身は、自分がかかわる本を出版することをずっと避けてきた。しかし、行革の精神を語るためということならと、この頃に立て続けに本が出るのである。

たとえば土光は、八四年九月に出版された『日々に新た　わが心を語る』と題する本で次のように語っている。

「行革の狙いは、いうまでもなく『増税なき財政再建』だが、同時に、日本人の心をもう一度、問い直そうという精神運動の側面がある。一人ひとりの心の持ち方が変わらない限り、思い切った歳出カットもできない。そのへんを見落として〝技術論〟に走っては方向を間違える。とりあえずは『財政再建』ではあるが、思いが心に至らないと、本物にならないのではないか」(『日々に新た　わが心を語る』18頁)

経営者の時代から変わらず、最後の最後まで意識改革を重視する土光の面目躍如たるものがある。

この本が出されたのは、行革推進審議会の会長の二年目の一九八四年九月一五日だった。土光の八八歳の誕生日である。同じ日に、土光の周辺の人たちによる『土光さんから学んだこと』という本も出版されている。また日本経済新聞に連載された土光の「私の履歴書」の書籍化も八三年二月で、この本では四分の一近く行革のことばかりを語っている。

こうして行革審の発足の少し前から、土光は意図的に自分の言葉を世間にさらしているように見える。自分の言葉で国民に語りかけたくなったのであろう。自分の人生も自分の経営も公に語ることを避けてきた土光としては、大きな変化であった。

それは、行革推進審議会があまり土光の思い通りに進まなかったことの裏返しかもしれない。本田たちがやってくれていた行革推進全国フォーラムも八四年には解散してしまった。政府の審議会を頼るのは不十分と土光は考えて、自分の言葉を出版する、自分のまわりの人たちが行革への思いを書いてくれる、そうした出版に期待を寄せたのかもしれない。

日本全体が八〇年代後半のバブル経済に突入しようとしていた頃にあたる一九八六年

六月二七日、行政改革推進審議会が終了する。その前日に土光は会長として、「国民の皆様へ――行革の終結にあたって」という長い談話を発表した。臨調から行革審への二〇〇〇日あまりの月日を振り返りつつ、土光の行革への思いが一人称で書かれている。あたかも土光の国民への遺言とも読める談話である。土光はこの時、九〇歳になる直前であった。そのごく一部を紹介すれば、土光はこう語っている。

「これまで政府・国会、地方公共団体は、全力を挙げて行政改革に取り組まれ、医療・年金・電電改革等見るべき成果を上げてこられました。しかしながら、国鉄改革をはじめ中央・地方の肥大化した行政の役割の見直し・規制緩和等なお多くの問題が残されております。……

行政改革に倦み、歳出規制に疲れ、また国際収支の不均衡是正や内需拡大を重視するあまり、行財政改革路線の転換を強く主張する向きもないわけではありません。……いまここで行財政の改革をあきらめるならば、これまでの努力は水泡に帰し、……ようやくほの見えてきた明るい希望も消え去るでしょう。私はこのことが心配でならないのであります。……

行政改革の成否は、一に、国民の皆様の支持と熱意にかかっております。私は、よりよき明日を拓くため、皆様が、政府・国会及び地方公共団体の改革努力を厳しく見守るとともに、たとえ苦しくてももう一段の痛みに耐えて、行政改革というこの国家の大事業を最後までやり遂げてくださることを、心からお願い致します」(『土光敏夫 21世紀への遺産』240頁)

こうして土光の臨調は終わった。国鉄改革は分割民営化がこの後で進んだが、全般的に見れば行政改革に倦むという土光の心配が現実のものとなった部分も多かった。しかし、八〇年代にもし土光臨調なかりせばを考えると、土光臨調の果たした役割の大きさは十分評価されるべきと思われる。

日本という国は、行革に命を削った国民的リーダーに、大きな感謝を捧げるべきだろう。

# 第6章

# 母の教え

## ——天皇陛下の前で流した涙

前章の最後で述べた「日本という国の土光への感謝」の象徴的表れが、一九八六年一一月に土光に対して授与された勲一等旭日桐花大綬章であろう。行革審会長を辞した五カ月後だった。

この勲章は当時の日本の勲章体系の中で、大勲位菊花大綬章につぐ第二位の位置を占める勲章である。大勲位は総理大臣経験者が没後に叙勲されるのが通例で、民間人としては勲一等旭日桐花大綬章が最高位、しかもこの勲章の民間人への生前叙勲は前例がなかった。土光がはじめてその例を拓いたのである。土光の次のこの勲章の生前叙勲は、松下幸之助だった。土光の翌年である。それだけの重みのある、政府からの感謝の表現だった。

それは、そもそも土光を行革のリーダーへと引っぱり出した中曽根康弘の、最大限の敬意と感謝の表現だったというべきかもしれない。この勲章の親授式が皇居で行われる時、天皇の横に立って勲章を天皇に手渡す介添えを総理大臣が行うのだが、土光の親授式ではそれが中曽根だった。中曽根の政府が決め、中曽根が総理大臣として介添えした、民間最高位の勲章だったのである。中曽根にしても感慨が深かっただろう。行政管理庁長官として土光を臨調の会長へと説得してから、五年半が経っていた。

一一月五日のその日、土光は車椅子で皇居での親授式にのぞんだ。一カ月ほど前に車椅子から降りようとして転び、ベッドの角に頭をぶつけて緊急の手術を東芝病院で受けていた。土光の身体は、行革に身を削られて、そこまで弱っていたのである。

皇居正殿・松の間で行われた親授式では、式部官が土光の車椅子を押して天皇の前に進む。天皇が土光に勲章を手渡そうとした時、土光は車椅子から立ちあがろうとしたが、身体が動かなかった。天皇が土光の方へ歩み寄り、車椅子のままの土光に勲章を手渡した。そのあとしばらく、土光は両手で勲章を捧持し、頭をたれたまま動かなかった。

その土光の様子を中曽根は、この親授式から一年一〇カ月後の土光の葬儀での弔辞の中で語っている。

「殆ど1分近くあったでありましょうか。私は先生の身体に異常が起きたのではないかと心配し、正に傍らに近づこうとした瞬間、頭を挙げられたので胸を撫でおろしました。陛下もほっとされた御様子でありました。感激の極みで涙をこらえ切れなかった時の刻みであったのでありましょう」（「経団連月報」一九八八年一〇月号）

土光が天皇陛下の前で流した涙は、たんに行革の苦労が報われたという涙だけではないだろう。土光は明治生まれの人間である。そして、彼に勲章を親授している昭和天皇は、土光が懸命にタービンの開発をしていた戦前の時代から、戦後に石播が造船世界一をめざした高度成長の時代、そして石油ショック後の混乱の時代まで、日本の頂点あるいは象徴として国民の前に存在し続けてきた天皇であった。そんな天皇から民間最高位の勲章を親授される明治生まれの土光は、いかに彼が名誉を追わず、質素な生活を旨とする人間であったとしても、自分の人生の総決算としての大きな感激であったと思うのが自然である。その涙だったのであろう。

そしてその涙は、母・登美のことを思い出しての涙ではなかったか。土光は、この叙勲の知らせに対する談話を一一月三日に入院中の東芝病院で発表した時、その冒頭で母の言葉を引いているのである。

## 「個人は質素に、社会は豊かに」

その談話の冒頭部分は、こうである。

「〝個人は質素に、社会は豊かに〟という母の教えを、行政改革の基本精神と信じて微力をささげてまいりましたが、国民多数のご理解とご協力で、役目をつつがなく終える

ことができました。その意味でも今回の受章を国民のみなさまとともに、喜びたいと思います」（『無私の人』11頁）

自分の人生の最後の、しかも特別な栄誉を、母の教えを守ってきたおかげ、と語れる人が何人いるだろうか。戦争のさ中に女子教育こそ国の礎と信じて橘学苑の創設に最後の力を尽くした母の言葉を、行革に死力を尽くした土光が他人に伝えたくなるのも理解できるような気がする。時代の流れを考えると、母・登美はその流れから大きく外れていたともいえる。いかにも理想主義である。しかし、人間としては外れていない。

だから、土光の心に深く深く刻まれるものがあり、その母の背中を土光は一生追い続けた。この母の無茶とも言える「国の為の」努力は、土光の臨調の努力の姿と重なって見える。

この受章談話の四年前になる一九八二年一月、臨調の真っ最中に日本経済新聞に連載された「私の履歴書」で、連載最後の文章を土光は母の同じ言葉を引いて終えている。「かって四十年前、私の母は『個人は質素に社会は豊かに』を標榜して、女学校を創立した。考えてみれば、これは、現在の行革の基本精神でもある。しばらくは、『個人を質素』にしてもらわねばなるまい。その代わり、その先には、『豊かな社会』が確実に待っている。

行革は、また息の長い運動である。八十五歳をこえた私は、多分、その結果を見得ぬであろう。しかし、方向を付けることはできる。ニーチェは『偉大なことは方向を付けることである』と言った。その言葉に励まされ、私はただ邁進するだけである」(『私の履歴書』147頁)

この文章を書いた時、土光が励まされていたのは実はニーチェの言葉だけではなく、母の背中でもあったのではなかったか。母の背中が、行革の「見果てぬ夢」へと土光を駆り立てていたのだろう。

実は、その母の背中はつねに物理的に土光の目の前にあった。鶴見・獅子ケ谷、土光の自宅から道を一つへだてただけの場所にある、橘学苑である。その建物そのものが母の背中であり、そして学苑の正門を入ったところにある石碑に刻まれた、「正しきものは強くあれ」という母の言葉もまた、土光にとっては母の背中を象徴するものだったのであろう。

この橘学苑を、第二次世界大戦の最中に、七〇歳を超えた年齢と何も資産がないという境遇の中で、母・登美は二年間で創設した。超人的な努力が、そこにはあった。その努力全体の質量の重さが、土光への遺産として残り、その遺産が土光を行革へと駆り立て続けたかに見える。

## 母の背中

登美が橘学苑を創設した時の状況はすでに第2章で少し書いてはいるが、その壮絶な努力の質量の重さをもう一度よりくわしく振り返ってみよう。

登美が橘学苑創設へと具体的に動き出したのは、夫・菊次郎の一周忌の日、一九四一年九月一九日であった。一周忌の機会に集まった土光を始めとする子供たちの前で、女学校を作る、と宣言したのである。もちろん、家族は大反対であった。カネもない、七〇歳を超えている登美に支援者もいない。しかも戦時中である。日米開戦の三カ月前ではあったが、日中戦争はすでに始まっていた。

家族の大反対は正論なのだが、女子教育こそ国の礎という登美の信念はすべてをはねのけた。子供たちも、母のこれまでの人生を見ていれば、反対してもムダだとは思っただろう。

学校を作るには、学校の用地も建物も必要である。そして、先生たちも揃える必要があり、もちろん生徒をきちんと集めなければならない。そのすべての準備は気が遠くなるような作業量なのだが、登美は子供たちの助けも借りながら大車輪で動き始めた。かといって、土光自身が具体的に準備作業に動けたわけではない。土光はすでに石川島芝浦タービンの役員になっており、きわめて多忙な日々を送っていたのである。

登美はまず、獅子ケ谷の隠居所の向かいの土地を候補地に定め、地主から土地を借りる交渉を始めた。また、学校創設への資金確保のために、寄付を募る活動も同時に始めた。「私が死んで香典を戴くのなら、今のうちに寄付としておカネを出してください」というのが殺し文句だったようだ。また、地主への説得も、国のため、将来の世代のため、と真っ正面からの説得だった。しかも、地主が説得できても、その土地をすでに借りて農業を営んでいる小作人たちに小作権を放棄してもらわなければならない。地主と小作人関係での説得対象は、二六人にのぼったという。朝早くから夜遅くまで、大変な説得作業だった。

地主の中に登美の熱意に賛同する人も出てきて、建物建設を請け負ってくれる工務店との間の仲介をしてくれる人が出てきた。また、教育者の中にも登美の学苑に教師として参加しようといってくれる人が出てきた。その一人が、日蓮宗関係の教育で有名だった女性、白土菊枝だが、名古屋在住だった彼女を説得するために、登美は一九四二年初頭に彼女の家を訪ねた。そして「承諾してくれるまで帰らない」と泊まり込んだ際に、白土に登美はこう語ったという。

「日本の国は昨年からたいへんな戦争に入りました。容易ではない世の中にたいして、法華信者の私が何をしているのか、それを考えるとじっとしてはおられませぬ。日蓮聖人のお前に行って、どんな手をうってきたのか尋ねられて、何もしてきませんでしたとは言えません。私が考えますのに、どんなに偉い学者も政治家も軍人も生まれた時は皆母親のふところに抱かれてその乳房をふくんで育つのです。その時母親が、むつきの中からわが子にたいして、世界を正しく導くような人間になれと教育したら、むごたらしい戦争をしなくても世を治めて行ける人々が多く出て、立正安国の実もあらわれましょう。肝心なのは女子教育だと思います」（『正しきものは強くあれ』113頁）

立正安国とは、日蓮が鎌倉幕府に対して提出した建白書「立正安国論」からとった言葉である。登美の日蓮宗信仰は実に深かったのである。その信仰心の深さが情熱に変わり、登美の行動力とあいまって多くの人を動かした。その結果、学校創立の決意を表明した四一年九月からおよそ半年後という超スピードで、四二年四月に橘女学校は仮開校にこぎつけるのである。橘とは、日蓮上人の紋章「たちばな」からとった名前で、また獅子ケ谷のある地域がむかし神奈川県橘郡と呼ばれていたからでもあった。

仮開校時には、土地は手当てができてはいたが、校舎建設はもちろん間に合わず、獅子ケ谷の隠居所の隣の家を借りての授業開始だった。校長は立正大学教授だった加藤文輝。最初の入学者は二八名。よく集まったものである。

登美は「校主先生」と呼ばれ、学苑で「勤労のよろこび」を生徒たちに実感させる教育を主導した。たとえば、田を作り、畑を耕し、自然に親しみながら作物を収穫するという教育である。登美自身が率先して、田んぼに入って田植えや除草をし、花などを植えるために鍬を持って働いたのである。土光の後年の自宅での毎週末の畑仕事の原型が、ここにあった。

校舎の建設現場で作業の人たちにお茶を出したりするのも、登美の仕事だった。おもに朝鮮系の人たちが現場で働いていてくれたようで、登美は分け隔てなく接していた。こうした人たちの協力で、四三年一二月には校舎建設が終わり、落成式を迎えることができた。

だが、その翌四四年正月に、三人の素行の悪い生徒を退学処分にせずに立ち直らせるために、登美自身が一緒に学校に寝泊まりして「一緒に時間を過ごすことによる教育」をやったことがあった。彼女たちは立ち直ったのだが、そうした厳しい生活の無理がたったのか、登美はその直後に軽い脳溢血で倒れた。

その後も登美の体調は回復せず、獅子ケ谷の家には登美の健康を案じる人たちが続々と見舞いに訪れるようになった。そしてついに、土光と二男の義三郎に両手を握ってもらいながら、登美は四四年四月二一日に亡くなった。享年七三歳、脳卒中であった。

葬儀の日、登美の柩を載せた霊柩車が火葬場へ行く途中で溝にはまって動けなくなった。その時、車を引き上げてくれたのは建設工事をやってくれた朝鮮系の人々だったそうである。多くの人に敬愛され、支えられながら、信仰と教育に自分の最後のエネルギーを使い果たした登美。その最後を看取った土光は、橘学苑を続けることが母の気持ちに応える息子としての義務だと思ったのであろう。

母の死後も、土光は学苑の理事長を引き受け、時には校長にもなり、さらには学苑の収支を償うための巨額の寄付もずっと行い続けた。それを、終戦前後の社会的混乱の中も、高度成長の日本社会の中でも、オイルショック後の激動の中でも、石川島芝浦タービン社長、石川島播磨重工業社長、東芝社長、経団連会長、臨調会長と社会的にきわめて重い仕事をやり遂げながら、土光は続けた。

自分の一生をかけて、土光は母の遺志を継いでいったのである。母の背中は、土光にとってそれだけ大きかった。

## 寄付と清貧

土光の橘学苑への寄付は、半端な金額ではなかった。額面収入から所得税と地方税を引いた実質収入のほとんどを、橘学苑に寄付し続けたのである。それは、土光の生活が清貧であることと、表裏一体であった。

朝日新聞記者だった志村嘉一郎の試算によると、一九八二年に鶴見税務署が公表している土光の年収は五一〇〇万円ほどだが、この年の土光の橘学苑への寄付は三千五百万円。寄付控除というものが所得税計算で認められているが、その上限は年収の二五％。そうして控除をした上でも、これだけの寄付をした後に土光の手元に残る金額は一〇〇万円程度にしかならない（『土光敏夫　21世紀への遺産』57頁）。

だから、土光が一カ月の生活費は五万円で済むと言っているのは、逆にいえばそれだけしか使えないということでもあるのである。この一九八二年に土光は、臨調会長であり、かつ東芝と石播の相談役を兼務していた。だから、五〇〇〇万円を超す年収となるのだが、それだけの年収は、ある意味では橘学苑への寄付のために必要だった。

また、東芝や石播の関係者は、土光が橘学苑への寄付のためにおカネが必要だということを理解していて、長く土光に取締役や相談役のポジションを与え続けたのかもしれない。たとえば、東芝の社長になっても石播の会長を兼任するとか、東芝の会長になってもまだ石播の取締役相談役を続けるとか。

石播で土光の右腕として大活躍した真藤恒は、その間の事情をよく知っていた一人であろう。土光が石播の社長かあるいは会長から退任した際に、真藤は退職金を土光のもとに届けたことがある。真藤はこう語る。

「この金もまた学校に消えちゃうなと思って持っていったら、案の定、目の前でさっさと小切手を書いて、学校に振り込んじまった」（『総理を叱る男』123頁）

ただ土光はこうした寄付のことを、真藤のような会社関係の親しい人以外にはもらさなかった。それでいて、清貧な生活のメザシの土光さんを知らぬ顔で続けていたのである。経団連事務局も、土光が経団連会長になってから二年以上の間、この寄付金のことを知らなかった。それがひょんなことから経団連事務局の知るところとなった。土光のもとで事務総長を務めた花村仁八郎が、「発見」してきたのである。

花村は当時、私学振興財団の理事をやっていた。ある日の理事会に、前年度の私立学校への大口寄付者の内訳の資料が提出された。そこに花村は土光の名前を見つけたのである。土光の寄付金額は巨額で、志村の試算の通り、実質収入のほとんどを橘学苑に寄付していたのである。

驚いた花村は経団連に戻ると事務局の主だった人たちにその話をして、土光がそのことを語りたがらない以上はこれがマスコミなどにもれないように配慮するのがベストと決めた。経団連での土光の秘書であった居林次雄はこう語っている。

「そこから、みんな尊敬したね。周りは、口先で格好のいいことばかり言って、裏で何かをやっているような経営者ばかりだから、……そりゃ尊敬されますよ」(『気骨』218頁)

土光が経団連事務局の尊敬と支持を勝ち取ったのは、たしかに経団連会長としての剛腕もあっただろうが、こうした土光の凛とした背中に事務局が気づいたことが主因なのかもしれない。

巨額な寄付以外でも、土光は母の残した橘学苑には終生コミットし続けた。石播の社長時代以来、長く理事長だけでなく校長も兼務した。臨調の最後の答申間際の八三年三月の橘学苑の卒業式の頃も、土光は校長だった。しかし、卒業式が予定されていた土曜日は臨調の会議で一日時間をとられることになってしまい、毎年出ている卒業式を土光は欠席せざるを得なくなった。しかし、生徒や父母からは、土光から卒業証書をもらいたいと異例の日曜日の卒業式が提案されてきた。土光はその提案を受けて、その日曜日の前後に臨調関係の会議日程が詰まっていた中で、あえて卒業式には出席したのである。それは、生徒や父母にとって、日本一の卒業式だっただろう。

## 妻・直子の支え

こうして橘学苑を通して土光の一生を導いたとも言えるのが登美という女性だったが、土光はもう一人の女性にも支えられてきた。妻の直子である。

二人の長い夫婦生活の年輪は、一九八二年七月、臨調の第三次答申のヤマ場の中でのNHKの「メザシの土光さん」の放映の中でも、くっきりと出ていた。NHKのカメラが土光家に入ったこの日の土光家の晩ご飯は、自分の家でとれたキャベツと大根の葉のおひたし、そしてメザシと玄米ご飯だったことはすでに前章で紹介した。その食卓での二人の何気ない会話の一部は、つぎのようなものだった。

直子　どうですか、玄米。少しやわらかいでしょう。
土光　いいよ。イワシまだある。
直子　焼いたのはないですよ。野菜は残っています。私の、残っているから食べてください。（『清貧と復興』164頁）

直子は、献身的で他人思いの、やさしい女性だった。自分のまだ食べていないものを、素直にカメラの前で土光に勧めるような女性だった。キャベツの外の皮を洗ってとっておいた、大根の葉はゆがいて鮮度を保って冷蔵庫に残したと清貧な生活を彷彿とさせる話も自然に食卓の会話に出てくる。

土光の清貧な生活は、直子のような妻を持たなければ、到底無理だったろう。年収五〇〇〇万でも一億でも、月の生活費は五万円から一〇万円で、冷暖房もない生活である。それに一つの文句も言わずに、直子は土光に寄り添ってきた。

そもそも新婚の時から、直子の献身は始まっていた。すでに第1章で紹介したように、新婚間もない頃から母・登美が娘とともに岡山から上京し、二人の新居に同居し始めるのである。当時の直子を知る人が、登美という大奥様に仕える女中のような感じだったとさえ語っている。それは、ひどい扱いという意味でなく、それだけ自分を外に出さない、控えめな直子だったということである。もちろん、登美は控えめという言葉はありふさわしくない猛女ともいえる女性だった。

その姑に仕え、土光の世話をし、そして五人の子供を育てる。古い日本の良妻賢母の典型のような女性が、直子だった。

しかも土光は、妻に対する配慮に欠けるように見える行動すら、時にとったようである。東芝時代の部下で後に東芝社長になる岩田弐夫は、そんな土光と直子の姿を見たことがあった。土光夫妻がある結婚披露宴に出た時のことである。

披露宴が終わるとすぐに、土光は足早に会場を後にして、ホテルの車寄せに待つ車にすぐに乗り込む。そして、直子が追いついているかどうかも確認せずに、「さあ、行こう」と運転手に声をかける。ロビーから小柄な直子が一生懸命走ってくる。土光が「早く来い」と直子に怒鳴って、「遅い奴は放っとけ。行け」と運転手に命じる。そこに直子が車に転げ込むようにして、間に合う。運転手もタイミングを見計らっていたようだ。

すべて、夫婦の間のあうんの呼吸なのだろうが、それを見ていた岩田は「娘がいたってあんな男には嫁にやるものか」と思ったという（『総理を叱る男』273頁）。

「土光さんの奥さんは本当にできた人だ」というのが周囲の人々の一致した意見だった。他人からはひどい夫に見えかねない「夫婦の間のあうんの呼吸」も、直子と土光が長い人生の間に築き上げた絆の表れの一つなのだろう。

そして、直子は決して出しゃばらない、マスコミなどにも登場するのを極力避けるような人だった。人前に出たがらない直子は、民間人最高位の勲一等旭日桐花大綬章の親授式にも、最初は出たがらなかった。土光も一人で行くと言ったという。それを周囲に

親授式での正装写真、直子夫人も一緒（写真提供：東芝）

説得されて、二人で皇居での親授式に出た。

その時、皇居からの帰り道に直子ははじめて東芝本社に寄って、三八階の土光相談役室に入った。東芝本社のある芝浦からは、土光が社会人人生を始めた石川島造船所のあった佃島はすぐそこに見える。二人は並んで佃島の方向を見ていたという。

「ワイフは勲章ものだ」と、土光がつぶやくのを聞いた人がいるという。NHKの例の放映を見ていた土光が、誰もいないと思ってつぶやいたそうだ。それは、土光の本音であろう。そして、皇居での勲一等親授の後の東芝本社でも、土光は同じことを考えていたのではなかろうか。

## バブルの中の「国葬」

この叙勲から一年九カ月、土光の肉体は巨木が朽ち果てるように、徐々に老衰に蝕まれていった。そして、一九八八年八月四日午前四時八分、土光は東芝病院で家族に看取られながら、永遠の眠りについた。享年九一歳であった。

土光の遺体はいったん午前八時に鶴見の自宅に戻った後、池上・本門寺へ向かった。鶴見の自宅では、たまたまスポーツ部の合宿で学校にいた八〇人ほどの橘学苑の生徒たちが土光の遺体を迎えた。

池上・本門寺は、日蓮上人の入滅の場所(現在の東京都大田区池上)に建てられた、日蓮宗の大本山である。日蓮は身延山から常陸に湯治に行こうとする旅の途中で、この池上で病を得て、亡くなったのである。その大伽藍で、土光の密葬が八月一〇日に行われた。戒名は安国院殿法覚顕正日敏大居士。密葬なのに五〇〇〇人近い会葬者があったが、その中には八〇〇名の橘学苑の生徒がいた。すべての焼香が済むまでに三時間もかかった、大掛かりな密葬だった。

土光の本葬は、それよりも三倍ちかい大規模なものとなった。八八年九月七日、土光の九二歳の誕生日となるべき日の八日前、経団連・東芝・石播の合同葬として、皇居・北の丸の日本武道館で、土光の本葬は行われた。葬儀そのものの参列者が一八〇〇名、告別式の会葬者は一万二〇〇〇名に近かった。武道館の場外には、会葬できなかった人たちが巨大な人の輪を作っていた。民間では、戦後最大の葬儀と言われている。

弔辞は、三人。合同葬主催者を代表して経団連会長・斎藤英四郎、日本政府を代表して内閣総理大臣・竹下登、友人代表として中曽根康弘(前総理)。ほとんど国葬である。

この時、竹下は消費税法案を国会に出していた。ただ、法案の国会成立は一二月で、土光はその成立を見ずに済んだ。増税なき財政再建を大目標に行革に命を削った土光にとっては、増税法案が自分の葬儀の時にはまだ成立していなかったのが、せめてもの慰めであろうか。

時代は、バブルの真っ盛りであった。八七年頃から始まった日本のバブルは、九一年には崩壊するのだが、そのバブルの崩壊を見ずに済んだのも、土光にとっては幸せだったのかもしれない。バブルは、清貧の土光がもっとも嫌う事態であったろう。

そして、土光とともに昭和という時代も終わったに等しいといってもいいだろう。土光の逝去から五カ月後の八九年一月七日、昭和天皇が崩御された。さらに、昭和を飾るもう一人の名経営者・松下幸之助の逝去が八九年四月二七日。昭和天皇の崩御をはさんで一年足らずの間に、民間最高位の勲一等旭日桐花大綬章を生前叙勲された二人の名経営者が、相次いでこの世を去っているのである。

## 鎌倉・安国論寺

土光の墓は、鎌倉・名越にある安国論寺に作られた。

この寺は、日蓮上人が鎌倉幕府執権・北条時頼に国難への警告と国のあり方を建白した「立正安国論」を書いた時に使ったという洞窟の傍らに、日蓮の弟子・日朗が建てた寺が始まりと言われている。その日朗は、土光の密葬が行われた池上・本門寺を継いだ僧でもある。

二重・三重に日蓮と土光の縁を感じさせる鎌倉のこの小さな寺に、土光は眠っている。その寺のそれほど大きくない墓地の中に、周囲の墓よりは少し大きめの墓域がある。その中に、これも周囲とは趣の違う横長のユニークな墓碑がある。土光の墓である。

墓碑の表には、土光とだけあり、横に墓誌を刻んだ石がある。そこには、父菊次郎、母登美、土光本人、妻直子、その四人の戒名が刻まれている。土光の戒名の前に、「従二位勲一等旭日桐花大綬章」と彫られている。

直子の戒名は、安詳院殿妙慧質直日徳清大姉。一九九五年八月五日没、とある。享年八九歳。土光の没後七年の夏の盛り、土光の祥月命日の次の日に亡くなったのである。死んでも仲のいい夫婦は、互いに寄り添うように祥月命日を一日違いにし、また直子はここでも土光に後ろからついていっている。

そして、もちろん土光は父や母とも離れずに眠っている。いや、母の背中を追いながら、また直子に支えられ、さらに日蓮のふところに包まれて、眠っているようだ。

安国論寺は、ひそやかな霊気がただよう、静かなたたずまいの、いかにも鎌倉らしい小さな寺である。私は、二〇一六年春の彼岸の直後に、この墓にお参りした。土光の息子たちからの真新しい卒塔婆が何本も供えられ、ご遺族の手厚い思いが伝わってきた。そして、春の太陽がきらめく中、木々の枝が墓の上に小さな影を作っていた。

穏やかな風景であった。土光は、その激しかった人生を遠くに忘れたかのように、静かに眠っている。

# 第7章

# 現場の達人、凛とした背中

## 二つのなぜ

土光の激しかった人生は、土光自身にとっても思いもかけなかった三つの難題が、向こうから次から次へと飛び込んできたことで激しくならざるを得なかったものである。

その三つの難題とは、これまですでに語ってきたように、第一に石川島芝浦タービン社長から石川島重工業本社の社長になって石川島再建を託されたこと、第二に東芝社長になってこの名門大企業の再建を託されたこと、第三に臨調会長になって行政改革の基本案（答申）取りまとめを託されたこと。いわば、行政の再建である。したがって、いずれの難題も、共通のテーマは「再建」である。

この三つの再建の連続は、難題の規模が次から次へと二〇倍弱の倍率で大きくなっていくという連続であった。再建の対象になっている組織の大きさから考えた倍率である。

土光に第一の難題が飛び込んだ時の石川島本社は従業員数が五〇〇〇名程度、次の東芝は八万人、最後の臨調は対象とする国家公務員数は九〇万人ほどで、これに三公社五現業を入れれば一五〇万人は越す。つまり、次の難題の対象人数が前の難題よりも二〇倍弱ほど大きくなっている。

そして、そうした難題を持ち込まれた土光はすべての組織で最高責任者の役割を担った。だから、その役割の大きさも、対象とする組織の拡大につれて次々と巨大化していった。その巨大化する役割を、土光は次々とこなしていった。

ただ、第一・第二の難題と第三の難題の大きな違いは、最初の二つの難題は再建案の作成だけでなく再建の実現までが土光に期待されていたが、行政改革については答申の取りまとめが土光の役割だったことである。行政改革の実現には、政府組織全体の気の遠くなるようなさまざまなステップが必要になるから、その実現は基本的に行政府の責任で、その最後までを臨調が責任を持つのは無理というものである。

しかし、行革の答申取りまとめだけでも、第5章での議論からもわかるように、政府組織全体を巻き込んだ、強烈な利害の対立があちこちで生まれる、途方もないプロセスになる。しかも、土光自身は行革の実現のためには国民の協力が不可欠だとして国民へのメッセージを考え続けたという意味で、実現プロセスの一部にも足を踏み入れている。

したがって、臨調会長としての国家再建という行政改革が、三つの難題の中でもやはり最難関だったというべきであろう。国の行政組織は現場の組織も入れれば軽く一五〇万人を超える巨大なもので、行っている業務は防衛や教育から鉄道なども含む国の行政すべてでしかもお役所。たとえ改革の基本案作りだけをとっても、こちらの取りまとめの方が私には難事業だと思われる。

この三つの難題は、いずれも土光が自ら求めてその対応にあたったものではない。土光は、「経済人としての六〇年以上の人生で、自分から希望してやったことは何もない」と語っている（『無私の人』２４２頁）。全部、向こうから飛び込んできたものである。しかし、土光はすべての難題にきちんと対応して、成果を出している。次々と巨大化していく役割を、きちんとこなしたのである。これが、土光の経営者人生の総括の第一である。

土光の経営者人生のもう一つの総括は、二勝一分けということであろう。土光が次から次へと大きくなる役割に期待通り成功したかどうかを「勝ち負け」で表現すると、二勝一分けになると思われる。

すでにこれまでの章で書いてきたように、石川島再建と行革答申取りまとめ、つまり第一と第三の難題については土光は大きな成功をおさめたと言っていいと思われる。つまり、二勝である。しかし、東芝再建という第二の難題については、序盤・中盤までの優勢と終盤の劣勢がともにあり、土光が再建に完全に成功したとは言いがたい。それを私は、引き分けと表現したい。したがって、二勝一分けなのである。

こうして土光の経営者人生を総括してみると、二つの「なぜ」が自然に思い浮かぶ。

一つには、なぜ土光はこうして次々と巨大化していく役割をきちんとこなせたのか。少なくとも負けることなく、二勝できたのか。その上、最後には行革のカリスマとして国民的英雄にさえなった。

もう一つの「なぜ」は、なぜ二つの勝ちの間に一つの分けが挟まっているのか。より具体的にいえば、なぜ石川島でも臨調でも成功した土光が、東芝では「引き分け」となる程度にしか活躍できなかったのか。しかも、東芝でも序盤では大きな成功を収めているのに、なぜそれが持続せずに引き分けに終わったのか。

この章で私は、この二つの「なぜ」への私なりの答えを考えて、この本の最後のまとめとしての土光敏夫論としたい。

## 現場の達人

以下で述べる私なりの答えのキーワードは、土光が巨大化していく役割を次々ときちんと果たせたことについては、「現場の達人」と「凛とした背中」、土光の経営者としての際立った二つの長所だと私が思う特徴である。

そして、一つの分けが二つの勝ちの間に挟まっている「なぜ」についての私の答えのキーワードは、「経営スタイル」と「大欲」。この二つの点についての土光の特徴が、分けの場合（東芝）には限界となり、そして最後の勝ち（臨調）の場合には土光がカリスマになっていく要因となったように思える。

そうした土光敏夫論を、土光の経営者としての最大の特徴だと思われる、現場の達人という長所から始めよう。

現場の達人とは、現場が大好きで、現場を大切にし、現場の熱とエネルギーを高めることに心を配り、現場を動かせる人というほどの意味だと理解しておけばよい。土光が現場の達人だったことは、彼を知る多くの人がさまざまな表現で語っている。

たとえば、土光の次の次の東芝社長になる岩田弐夫は、こう言う。

「土光という人は、常々経営の視点を組織の底辺に置くタイプです。いわゆる、ボトムアップ――トップダウンでなく現場第一主義に徹した」（『土光敏夫大事典』191頁）

土光にとって、現場とは何といっても工場だった。タービン人間の時代から、土光は工場をこよなく愛した。土光の評伝を最初に書いた榊原博行は、その著書の中で石播時代と東芝時代の土光の経営を語る章のタイトルを、「日本一の工場長」とした。そこに土光の最大の特徴があると思ったのであろう。

また、土光の東芝時代に秘書を長く務めた伊東一彦は、「土光さんは一言でいうと何者ですか」という質問を受けると、「矍鑠《かくしゃく》とした工場長というところでしょう。なにしろ工場におればご気嫌ですから」と答えたという（『土光さんから学んだこと』128頁）。

土光自身も、東芝の社長になってすぐに全国の工場を回った時のことを次のように語っている。

「工場もよく回った。ぼくが来る前は、社長が工場の現場に入るのは珍しかった。ぼくは昔から機械いじりは大好きだし、いろいろつくり方までみたわけだ。工場の状況がわからないと、企業の実態は十分につかめないんだ。……

よくいわれることだが、アメリカの経営者は、ハーバード・ビジネス・スクールなどを出て、頭もいいが、数字をいじくるだけで現場を知らない。それが今日の経営力の低下につながっているんじゃないか。自慢じゃないが、僕は一歩工場に入ったら、音をきいただけで、機械が故障かどうかわかるよ」（『日々に新たわが心を語る』80頁）

土光は、現場の人たちを大切にした。たとえば工場視察に出掛けた時、まっさきに労働組合の事務所に顔を出すことがしばしばだった。そして、労組の幹部が工場幹部と一緒に工場を案内するのである。そんな現場の労働組合を大切にした土光は、東芝の社長となるとすぐに東芝労組の本部を自分の方から酒をぶら下げて訪ねて、「自分は新入りだからよろしく」と言って労組幹部を驚かせたエピソードは、すでに第4章で書いた通りである。

現場の達人は、対面の達人でもあった。石播の合併の際に、真藤恒が最初の対面で土光にころりと心酔した話は、第3章で紹介した。対面の直接話法で、現場の心をわしづかみできるのが、現場の達人たる土光の大きな特技であった。

相手の気持ちに思いをはせ、誠実な対応で人間関係を大切にする、対面の達人である。土光はこう語る。

「この社会は人間社会であって、独りで生きていけない。みんな人間同士、どういう関係でやっていくかだ。この世の中で一番大切なことは「人間関係」ですよ。会社の中の経営者と従業員、あるいは隣り近所の付き合いでもそうだ」(『日々に新た　わが心を語る』15夏)

## ――直接話法経営のインパクト

そんな土光の工場の現場における対面の達人ぶりを見事に示しているエピソードを、

土光と長い付き合いのあったジャーナリストの志村嘉一郎は紹介している。土光が、夜行列車で姫路にある東芝の工場を訪ねて、とんぼ返りでまた東京へすぐに帰る時のことである。

「工場の庭に従業員を集めて、土光が話をしたが、あいにく小雨が降っていた。女子従業員は傘をさしながら、土光の話を聞いた。が、土光は傘をささない。東芝の現状、人間の話、能力開発の話などをトツトツと話す。……遠くで聞いていた女子従業員たちが、傘を閉じて土光の方へ近づいてくる。雨の中で従業員に真剣に訴える老社長の話と姿に心を打たれ、いつの間にか傘は一本も見えなくなった。話を聞く従業員の中には、目に涙を浮かべる人もいる。話が終わって、びしょぬれになった土光が車に乗った。やはりずぶぬれの女子従業員が、ワーッと車を取り囲む。ガラスをたたきながら、『社長、カゼを引かないように』『お体をお大事に』『がんばって』『私たちも一生懸命やりますわ』と口々に叫んだ」（『土光敏夫　21世紀への遺産』１９１頁）

こうした現場の直接話法から、現場の意識が変わるきっかけが作られる。それを土光は大切にした。みんなの意識が変わることが、経営再建の一丁目一番地だと考えていたのだろう。土光が臨調で試みたこと、東芝でやろうとしたことも、意識革命だった、と東芝時代の部下の関晴雄が語っているのは正しい（『総理を叱る男』３０１頁）。

しかし、土光自身の直接接触、直接話法だけでは、そうした土光からの直射日光を浴びられる範囲と量は自然と限られる。だから、その直接話法の届く範囲の拡大のために、土光はさまざまな組織内コミュニケーションの道具や機会を作ろうとした。たとえば社内報であり、たとえば管理職全員集合大会である。だから、土光の経営改革は、組織内のコミュニケーションをよくするような改革という色彩が強い。

もっとも、こうして直接話法が得意な土光なのに、なぜか宴会は好まない。このギャップは面白い。それはおそらく、誰と直接話法をしたがるかという土光の「好み」の問題なのであろう。土光は油と機械の騒音の中の現場の人たちとの直接話法を好んだ。しかし、経営者仲間との間の上品に酒を酌み交わす直接話法はそれほど好みではなかったのではないか。おそらく、実はシャイな人柄で、個人的な親近感が持てない人との会話が苦手なのであろう。それだけ、正直人間だとも言えそうである。

それに、工場の現場が好きで、工場へ出掛けると気分がすっきりするという土光は、機械いじりが好きなタービン人間という側面を終生持ち続けた人なのであろう。それが、土光が現場の達人になっていった原点であろう。振り返ってみれば、石川島から石播の時代に土光は積極的な戦略展開をしたが、それらの多くは実は「新しい工場を作る、獲得する」という工場現場の発想のように思われる。イシブラスを作ったのは、ブラジルに工場を作ったことであった。播磨造船所を合併したのは、相生の大工場を獲得するということであった。

そうした現場の達人が、なぜ経営再建の達人になれるのか。

その大きな理由は、土光の直接話法が現場の意識改革のきっかけになりうるほどに、「強烈」でかつ「納得性ある」インパクトを持つことが多いからであろう。姫路の女子従業員との間のエピソードがその象徴である。

土光のインパクトの「強烈さ」は、土光の持っている人間的なエネルギーの大きさから生まれている部分が大きいと思われる。姫路の例でいえば、夜行列車で工場を訪ねるエネルギー、そして雨の中で傘もささずに語り続けるエネルギー。そのエネルギーに人々が打たれて、強烈なインパクトが生まれる。

土光のインパクトの「納得性」は、直接話法で語られる内容の納得感である。これも姫路の例でいえば、聞く側に親近感のあること、現場を土光がよく知っていることがわかることを、心に沁みる言葉でトツトツと話すことから生まれる、納得性の高さである。現場の達人ならではの、納得性である。

## 凛とした背中

土光の経営者としての第一の際立った特徴として前項で紹介した「現場の達人」という特徴が、現場の人々に「向かって」直接に土光が対面している時の土光の特徴だったとすれば、土光の第二の際立った特徴は、人々に対面していない時の土光の背中が見せる特徴である。それが、凛とした背中という特徴である。

この言葉に、私は二つの意味をこめている。一つは土光の背柱がピンと立って、よほどのことがあっても動かず、ぶれず、凛として見えること。そして第二に、土光はその背中で人々に実は語っているということ。

「現場の達人」が人々に向かって対面しているという意味での「前向き」のリーダーシップの表れ方だとすれば、「凛とした背中」は土光が後ろを向いた時の「後向き」のリーダーシップの表れ方である。土光は、前を向いて人に対面する時も、後ろを向いて背中を人に見せている時も、いずれの場合も人々に大きなインパクトを持って語りかけていた。

凛とした背中とは、どんな背中か。それは、曲がったことをしない、自分の利害にとらわれない、言行一致、ブレない、人の信用を裏切らないという背中である。それを、口から出てくる言葉だけでなく、背中でも（つまり行動でも）土光は自然に示していた。だから、多くの人が土光に心服する。

たとえば、すでに第5章で紹介した、本田宗一郎が行革フォーラムの世話人を引き受けた時の言葉が人々の気持ちを代弁している。

「私がフォーラムを引き受けたのは、土光さんの憂国の情、行革に対する考え方に共鳴したからですが、しかし、それだけではない。やはり、土光さんがよこしまな考えのない真っ正直な人物だからです」

また、石播で土光から三代後の社長になった生方泰二は土光のことを、「ピンと背柱を伸ばし、その上に眼光炯々」と表現している（『土光さんから学んだこと』56頁）。さらに、石播の労組委員長をした柳沢錬造は「土光さんほど裏表がなく、『やる』といった約束を必ず守る人はほかに類がない」と語る（『総理を叱る男』194頁）。

それを真藤恒が表現すると、「真っすぐ歩く人」となる。「本気に真直ぐ仕事さえしておれば絶対に梯子をはずさない。だから後向きの心配はぜんぜんする必要がないのです」と真藤は語る（『土光さんから学んだこと』43頁）。真っすぐ歩く、その背中が真藤に「梯子は外さない」と語りかけているのであろう。

土光の凛とした背中を感じた人は、他にも枚挙にいとまがない。東京拘置所で読経する土光の後ろ姿を見た拘置者。夜行列車で工場を訪れる土光の後ろ姿を見た工場の人たち。橘学苑への長年の巨額の寄付を発見した経団連事務局の人々。メザシの土光さんの質素な生活をテレビで見た全国の視聴者。臨調で、鈴木総理にも次の中曽根総理にも真正面からきちんと注文をつける土光の姿を見た臨調関係者たち。青年会議所のシンポジウムで土光が熱弁を振るった後で、退席する土光の後ろ姿に万雷の拍手を送った青年会議所の人々。

この本ですでに書いてきた土光の行動だけを取り上げても、これだけの例がすぐに思い浮かぶ。まことに希有な凛とした背中である。

## ――凛とした背中に、まわりが反応する

そうした背中に、まわりが反応してしまう。それが、凛とした背中の土光が再建の達人になった一つの理由である。

臨調でも関係のあった元運輸事務次官・秋山龍の言葉が、それを象徴している。

「自分の利害にとらわれない、公正な目で物事を判断される土光さんに、囲りのものが

共感し、どんどん押し上げてゆくのでしょう」（『土光さんから学んだこと』39頁）

どんどん押し上げられていくと、自然に権威（権力ではない）が生まれ、だからこそ、土光の言うことならと人々が納得するようになる。再建のプロセスで利害がからむ時、どんな再建の道筋を作っても不満が生まれやすいのだが、その不満を凛とした背中が受け止める。背中が説得するのである。これもすでに第5章で紹介した言葉だが、ソニーの井深大がほとんど同じことを言っている。

「土光さんさえ顔を出されれば多くの人が無条件で納得するということはいくらでもある。これは決して他人に真似の出来ることではない。虎の衣を借りた人は世の中にはいくらでも存在するが、土光さんのように、人間の厚みのある人はだれもが自然に心服せざるを得なくなってしまうのである」（『土光さんから学んだこと』27頁）

井深のいう人間の厚みを、私はここで「凛とした背中」という言葉で表現しているのであろう。

ただし、凛とした背中という言葉には、単純な意味での円満な人格者という意味はないだろう。じっさい、土光は人格的には他人に厳しいことも多かった。経団連ではメンタルを病んだ人もいた。部下に書類を投げつけることもあり、しかも、周りの人間がそれを拾おうとすると、「自分で拾え」と投げつけた相手に言ったこともあるそうだ。

東芝でも、土光に厳しく怒鳴られて神経衰弱のようになった役員が何名かいたと岩田が証言している（『総理を叱る男』２８０頁）。

しかし、そうした「怒号さん」に、それでも多くの人々がついていった。凛とした背中のおかげでもあろうし、現場の達人として時に人情味あふれる言動をするからでもあろう。この点を生方泰二は、「フルシチョフをたじろがせたあの目が、時に象の目になる。その情にしびれた」と書いている。

こうした凛とした背中の持ち主が、同時に直接話法にきわめてすぐれた現場の達人であることには、特別な意義がありそうだ。それは、時として「無言の直接話法」が入るのが、人を説得するのにもっとも強力だということである。無言なれど、背中がモノを言っている。そして、時に言葉がないこと自体が、沈黙のメッセージとして強力になり、言葉のある直接話法との組み合わせで人を説得する力を持つからである。

臨調で、それほど雄弁に会議をリードしない土光が、巨大な説得力を持ったのは、無言の直接話法と凛とした背中の組み合わせの、好例のように見える。

## 土光語録20選

もちろん、土光はつねに無言だったわけではない。それどころか、経営についてきわめて示唆深い言葉をいくつも残している。その表現力も土光の魅力の一つである。それが、東芝時代の社内報「ライフ」と管理者向けの「管理者ノート」に毎号掲載されたトップ指針抄に出ている。そこに出ている言葉は多いが、その中から土光の経営観の本質がうかがえるもの、「現場の達人」「凛とした背中」という土光の特徴にかかわりが深いと思われるもの、それを選んで紹介しておこう。

それが次の20の言葉である。

1. 組織活動にユサブリを与えよ。このチャレンジに対しレスポンスが生じ、組織活動はダイナミックになる。
2. 活力＝知力×（意力＋体力＋速力）
3. 権限をフルに行使せよ。責任とは権限を全部使い切ることだ。
4. トップの方針が徹底しないのは、電離層があるからだ。電離層をなくそう。

5．幹部は極端なことを考えよ。常識的な考え方では経営は発展しない。
6．こまかい問題の合理化が行われてこそ、経営は前進する。
7．体質改善は水を高きに上げるが如し。寸時も油断すれば水は流れ、体質は悪化する。
8．問題を掘りおこし体当たりをせよ。摩擦を恐れるな。頭がよくても、問題や摩擦を避けていては組織は動かぬ。
9．わかっていてもやらないのは、わかっていないのと同じだ。やっても成果がでないのは、やらないのと同じだ。
10．やりとりは真剣勝負だ。問題をたえず意識している人とは短時間ですむ。然らずば長時間をかけても結論を得ない。
11．決断は失敗をおそれず、タイムリーになせ。決めるべき時に決めぬのは度し難い失敗だ。
12．意思決定は最後は勇気の問題に帰着する。
13．手の打ち方のタイミングを考えよ。桜の蕾は冬の間に用意されている。
14．未来に生きよう。われわれの既知の分野よりも未知の分野の方がはるかに広大である。

15. 顧客を動かすのは、結局、誠意である。真に誠意を持って当たれば、不信すら信頼に代えることができる。
16. 物事をとことんまで押しつめた経験のない者は、成功による自信が生まれない。能力とは「自信の高さと幅」だといえる。
17. 失敗した時、反省は必要であってもいい訳の努力は不要である。
18. 現場には「銀座通り」もあれば、裏通りもある。幹部は裏通りを歩くべきだ。
19. 火種が強ければ青草でも燃えあがる。
20. 幅の広い奥行のある人間になれ。幹部はカミソリの刃であるよりもナタであれ。しかも切れるナタであれ。

いずれも、珠玉の言葉である。私が解説を加えるのは、屋上屋を重ねることになるだろうから、やめておこう。ただ、いくつかの言葉には、それに類似した別の土光の素晴らしい言葉もある。それだけは、紹介したい。

語録第1の中のチャレンジとレスポンスについて、土光はこんな言葉も残している。

● 各人は、チャレンジとレスポンスを常に上にも下にも心がけよ。

語録第3の責任について、さらに土光はこんなことも言っている。

- 本社の指示、上長の指示に無批判に従うのは無責任である。

語録第5の「極端なこと」の例にもなりそうなのは、こんな言葉である。

- 不況時には体制整備をせよ。さもないと好況時に乗れない。

語録第11のタイムリーな決断については、さらに土光はこうも言う。

- 六〇点主義で速決せよ。

語録第13は桜を例にとった言葉だが、桜については語録第11にも関連する、土光のこういう言葉もある。

- 春に桜が咲かぬのは、桜の怠慢だ。なされるべき時になされないのは、人間の怠慢だ。

語録20につながりそうな言葉には、こんな言葉もある。

- 穴を深く掘るには幅がいる。高い山は裾野も広い。

## ――二勝一分けの背後に

土光の経営再建人生の一つのまとめとして、二勝一分けというまとめがありうると前で述べた。

土光は石川島では、本社を再建したばかりでなく、ブラジル進出やさまざまな技術導入による多角化など、石川島を新しい軌道に乗せ、さらには播磨造船所との合併も成功させた。これはまことに見事な勝ちで、一勝目である。

東芝では、重症の病人を意識改革で救ったという面では勝ちの部分も大きいが、本格的な経営改革には至らなかった。もちろん、初動の意識改革は見事で、これだけでも立派な業績といえる。しかし、土光時代の最後には東芝の業績はまた落ち込み、第4章の図1と図2のグラフが「引き分け」という事態を雄弁に物語っている。

行政改革あるいは臨調は、いわば国の再建である。その改革の基本案を作るだけでも、端緒をきちんとつけるだけでも、大難題である。それを土光はやってのけた。しかも、臨調のカリスマとなって国民的リーダーとなり、この臨調が土光臨調と呼ばれるまでになった。ただ、国鉄の分割民営化をのぞいて行革の本当の真の効果はその後にあまり多くないという指摘もありうるが、それは実行段階の問題でもあるし、政治の責任も大きい。したがって、臨調の経営者として土光を見れば、見事な勝ちと言っていいだろう。これが二勝目である。

しかし、一分けが、二つの勝利の間に挟まっている。

しかも、東芝の再建では最後に「何度同じことを言わせるのだ」と土光のいらだちが大きかったように、かなり苦労した土光が、行革の局面になるとみんなに仰ぎ見られるような巨大なカリスマとして国民に敬愛されるようになる。なぜこの違いがあるのか。そのギャップをきちんと理解しないと、経営者としての土光の本質の理解を外しそうである。

もちろん、かなり単純に考えて、助走期間の有無が二勝一分けの原因の一つという解釈もありうるだろう。石川島の再建から石播の成功の前には、石川島芝浦タービンでの社長経験という助走期間があった。そもそも同根の企業だし、産業分野としてもタービンも重工業も同じ機械産業という意味では類似している。

また、臨調会長の前には、経団連会長という助走期間があった。国家という巨大なビルの建設作業の作法、国の行政府や政治家との間合いの取り方、二つの意味で経団連会長の期間は国家の再建を担う臨調会長への助走期間になっている。

しかし、東芝再建への助走としては、石播の社長経験は十分ではなかったのかもしれない。たしかに、大企業の経営という点では助走になってはいるが、東芝は石播の三倍の大きさであり、事業分野もきわめて広い。機械のエンジニアであった土光にとって土地勘が必ずしも十分ではないと思われるエレクトロニクスの企業で、なおかつ消費者相手の家電事業が会社の売り上げの五割である。

だが、助走期間の違いだけでもなさそうだ。この二勝一分けの原因としては、一つには土光の経営スタイル、もう一つには土光の「大欲」の問題がありそうだというのが私の仮説である。しかも、この二つの要因は、土光を考えるために意味があるだけでなく、より一般的に経営者の成功というものを考える時の鍵要因であると思える。

経営スタイルとは、第4章でも使った、直接話法中心という経営スタイルと間接話法をもっと沢山使うという経営スタイルの問題である。いずれのスタイルがつねに優っているかという問題ではなく、経営者のキャラクターとその経営の状況、この二つの要因次第で適切な経営スタイル（あるいはスタイルのミックス）が決まるということである。

一方、大欲とは、飛び込んできた難題を解決したいと心の底から「大いなる欲求」を持って取り組めるかという問題である。それはもちろん、たんに物質的な欲望の問題ではない。その点では、清貧の土光はきわめて淡泊な欲望の人である。そうではなくて、難題の現場で困っている人たちを救いたい、彼らのためになることをやりたい、そういう大欲である。広く他人のためになることを本気で考えたいという欲と言ってもいい。そんな大欲は、大きな仕事の成功にはぜひ必要だと思われる。

私の仮説を単純なストーリーにすれば、石川島と臨調は実は直接話法の経営でかなり対応できる状況だった。だから、土光の経営スタイルが大いに生きた。とくに臨調では、直接話法経営の進化形といえる、超直接話法と表現すべき経営スタイルが見事に機能した。

また、石川島の難題と臨調の難題には、土光は自ら大欲を出してその解決に邁進したいと心の底から思った。しかし、東芝では、直接話法の経営スタイル中心の経営が大いに機能するような状況でもなく、難題解決へと大欲を自然に持てるような状況でもなかったようだ。

こうして、東芝の再建という難題では、経営スタイルの面と大欲という面と、両方で土光の経営がフィットしなかったと思われる。だから、東芝では土光は苦闘し、二勝の間に一つの分けとして挟まっている。それが、私の現在の結論である。

## ――巨大組織の中間層へいかに届くか：経営スタイル

経営スタイルは、直接話法、間接話法という二つのスタイルがあるようだ。そして、この二つのスタイルのミックスをどの経営者もとるであろうが、その重心がどこに置かれるかという観点から考えてみると、土光は直接話法に重心を置いた経営者だった。

すでに第4章で紹介したように、直接話法の経営とは、自分で部下たちに直接に語りかける経営スタイルのことである。語りかける媒体は、言葉でもいいし、行動でもいい。つまり言葉を聞かせる直接話法もあり、自分の行動を見せる直接話法もある。

間接話法の経営とは、これも第4章で説明したように、組織の人々の仕事の状況を組織的な手段の整備などによって変えることによって、人々の行動を望ましい方向へと導こうとする経営である。経営者自身が言葉や行動で直接的に語りかけるのではなく、組織設計や経営管理制度などを通して間接的に人々に働きかけようとする経営のスタイルである。

土光が直接話法中心の経営者であることは、すでに指摘してきたが、間接話法中心の経営スタイルの一つの例が松下幸之助であろう。事業部制という組織を日本で初めて考案した、管理会計の仕組みを重んじて業績管理を徹底させた。いずれも、間接話法の経営である。

土光は現場の達人であった。つまり、現場で直接に接する人たちが納得し、心服し、喜んでついていく、そんなことの達人であった。その際の経営スタイルとして、現場で直接に接しているのだから、直接話法が得意になるのも自然であった。

現場は、工場の現場だけとは限らない。役員会でも、本社の会議でも、トップセールスに出かけた顧客の会社でも、土光が直接に姿を現し、直接に語りかける場は、すべて土光にとっての現場となった。だから、東芝の例でも明らかなように、それまで土光とは直接の対面や仕事の経験がなかった東芝の役員や本社スタッフたちも、たちまちにして土光の巨大な直射日光を浴びることになり、大きく自分たちの意識と行動を変えることになった。それが、東芝の初期の意識改革について、本社や役員のレベルで土光が大成功した最大の理由であろう。

それは、臨調でも同じであったろう。臨調の会議体に出席する人たち、土光の直接の指導や叱責の対象になる人たちに対する土光の影響力は巨大であった。まさに、土光流直接話法の経営スタイルが、臨調を軌道に乗せ、臨調の議論を活性化させた大きな原因であった。

もちろん、現場の最前線ともいうべき、東芝での工場や営業所、臨調での国民の前に土光の言葉が伝わり、土光がその姿と行動をさらす時、そこでも大きなインパクトが生まれた。相手との物理的距離は直接ではなくかなりの距離があるのだが、それを乗り越えて土光の姿、行動、言葉が届く時、そのインパクトは大きかったのである。

こうした直接話法の経営スタイルが土光にとって非常に効果的だったのは、土光の凛とした背中があったからでもあった。現場の達人が同時に凛とした背中の持ち主であったことが、土光の直接話法の経営の説得力を極大にしたのである。その典型的な例が、メザシの土光さんのテレビ放映である。「あの人の言うことには逆らえない」と田中角栄に言わしめたテレビを通しての直接話法であった。

東芝や臨調だけでなく、もちろん石川島でも土光の直接話法経営は重要だったし、大きなインパクトを持った。そもそも土光が現場を共有した長い人生を送ってきた石川島では、土光流直接話法の歴史が累積していたはずで、その蓄積の影響も含めてこの経営スタイルの効果は大きかったはずである。それは、播磨造船所を合併した後でも、十分に発揮可能な経営スタイルだったのであろう。

しかし、東芝のように低迷にあえぐ巨大組織の経営全体を大きくそして持続的に変える際には、組織全体としての動きの鍵を握るのは中間層（中間管理職）である。その層に土光の意思と思いがどれほど届くかに、巨大組織の再建がうまくいくかどうか、またその再建の成果を継続できるかどうかがかかっている。

石川島の場合、土光が長期間にわたって現場を共有してきたこともあり、また中間層の多くが過去の直接話法の経験者であったこともあり、中間層にも土光の直接話法のメッセージはきちんと届いたと思われる。しかし、東芝の場合は、組織が石播よりもはるかに大きいために、土光のメッセージを届ける必要のある中間層の数が石川島の場合よりもはるかに多い。それに東芝では、土光が社長として落下傘で降り立ったわけだから、土光との直接接触体験のある中間層がほとんどいなかった。さらに、土光には電機産業での土地勘はそれほどなかったと思われる。だから、直接話法で語ることの中味が、その土地にぴったりというわけには必ずしもいかない場合もあったろう。

こうした三つの理由の重なりのために、東芝という巨大組織の中間層に土光の直接話法メッセージが必ずしも深く浸透するには至らなかったのは、第4章で見た通りである。いわば、直接話法という経営スタイルの限界に東芝で土光はぶつかった。

おそらく、石川島の再建ではそれほど重要ではなかった間接話法の経営が、東芝ではもっともっと大量に必要とされていたのであろう。巨大組織の中間層に届くための経営としては、もっと多量の間接話法の経営（典型的には経営システムを整備しての経営）が常道なのである。

その点、臨調の場合、中間層そのものが巨大過ぎて、そこにインパクトが巨大に及ぶのは直接話法であろうが間接話法であろうが、あまり期待できない。ミドル層が大き過ぎて、どんなマネジメントでもそもそも伝わりにくいのである。それを周囲も理解しているから、間接話法の不足という土光の短所も目立たず、しかし、官僚や政治家のトップ層への土光の強烈な直接話法的インパクトは大きかった。

さらに、中間層を飛び越して現場そのものにインパクトがもたらせるようなかなり特殊な直接話法に土光は長けていた。それは、カリスマという特殊な直接話法である。次項でさらにくわしく考えるが、土光流の経営スタイルと凛とした背中が、土光の大欲とあいまって土光を臨調のカリスマにした。それが、臨調での成功をもたらした大きな原因であろう。

土光の経営スタイルが直接話法重視で間接話法はやや不足がちとなってしまった背景には、土光の体力的エネルギーの巨大さということがあったように思う。直接話法の範囲を自分の体力で広げようとする努力が、土光の場合には可能だったから、つい直接話法に頼ることが多くなったということである。そう考えると、松下幸之助の場合は体力がそれほどなく病気がちでもあったので、松下病院の一室が自分の居室であった時代が長かったことが、土光の反対の例として思い起こされる。松下幸之助の場合は、間接話法に多くを依存せざるを得なかったのだろう。だから、自然に間接話法経営が上手になる。

## 超直接話法と大欲が、カリスマを生んだ

第二次臨調は、土光臨調と呼ばれた。たしかに、行革そのものが土光のカリスマ性に

支えられていた。体力がなくなったことを臨調事務局で詫びる土光に対して、事務局の一人が「土光さんは生きているだけでいい」と言ったのが、そのカリスマ性の雄弁な象徴である。

土光は、東芝でも石川島でもカリスマ性はたしかに発揮した。しかし、臨調の土光はどこか次元が違う。国民的英雄にすらなったのである。その異次元のカリスマに、土光はなぜなれたのか。土光が意図してそうなりたかったとは私は思わないが、しかし土光が「カリスマになってしまった」理由を考えるのは、経営者論としても意味がありそうだ。

その理由を私は、土光が臨調時代には超直接話法の経営者になっていたからだと思う。直接話法に重心があるという意味ではそれまでの土光と変わるところはないのだが、その直接話法の内容が進化した結果、「超」直接話法とでも呼ぶべきものになっている。「超」という言葉をつけるのは、二つの「無」で通常の直接話法を超えたという意味である。

第一の「無」は無言ということである。直接話法なのに、言葉が少なくなる。言葉でなく、背中で語る直接話法という色彩が、臨調時代の土光には濃くなっているように私は感じる。

臨調時代の土光は、第5章で紹介した瀬島の言葉にあったように、会議の仕切り方にしても自分であれこれ発言をする、叱咤激励をするということが少なくなった。任せ切っている。体力が衰えてきたことも、自分で仕切る、発言するということが少なくなる原因の一つだったのかもしれない。

しかし、発言しないのが、かえっていいのである。その無言ゆえに、しかも凛とした背中から発せられる「無言」であるがゆえに、人々は土光をリーダーとしてついていきたくなる。経団連会長時代の土光とは違って「仏のようになった土光さん」と、臨調部会長を務めた加藤寛が語っているように、その無言の背中に人々はついていった。

超直接話法に土光を進化させたと私が思う第二の「無」は、無欲ということである。無欲、あるいは無心ということが土光の言動から周囲に強く伝わる。だから、「あの人の言うことなら」と井深のいう「人間の厚み」が出るのである。それで、直接話法（しかも無言）にかえって迫力が出る。人々がリーダーとして仰ぎ見たくなる。「メザシの土光さん」というのは、そうした土光の姿を象徴する表現である。

ただし、その無欲は、たんに枯淡の境地の無欲とも違うところがいい。大欲は無欲に似たり、とよくいわれるが、大欲が背後にあっての無欲ではないか。その大欲を、臨調時代の土光には感じられるが、東芝時代にはあまり感じない。

すでに前々項で説明したように、大欲とは「広く他人のためになることを本気で考えたいという欲」のことである。臨調時代の土光は日本の将来を本気で心配した。日本を自殺させてはならないと、心底から行政改革の重要性を訴えた。それは、土光が人生で初めて持った「公の大欲」だったのかもしれない。もちろん、土光は生涯を通じて私利私欲のない人だったが、公の大欲、無欲に似た大欲を持ったとくに私が感じるのは、臨調時代である。

こうして私は、超直接話法が土光をカリスマにまで押しあげたと言っていることになる。それは、「現場の達人」の直接話法に「凛とした背中」でさらに説得力が加わり、その上に臨調時代には「大欲」が加わって、超直接話法の経営スタイルが完成したということである。つまり、土光の経営スタイルに大欲が揃って初めてカリスマが誕生したと私は思う。

## カリスマの大欲のかげに、母の背中？

そのカリスマ誕生が、東芝時代でも経団連時代でもなく、臨調会長時代だったのには、それなりの歴史的・状況的事情がありそうだ。

直接話法依存が一つの原因で苦労した東芝時代の後、土光は政治や行政との間合いの取り方が重要となる経団連会長時代を経験している。その時の土光は、間接話法の経営の重要性も一方では感じていたかもしれないが、経団連会長として相手にしなければならない政治家、役人、そしてマスコミなどが、間接話法を歪める達人ぞろいであることも感じたのではないか。だから、彼らに対しては直接話法に徹する方がかえって山が動くと考えたのではないかと想像する。しかも、無言の方がかえっていい。言葉を足せば足すほど、彼らに歪曲できる材料を与えることになってしまう。

大欲についていえば、土光自身が「経済界で自分で希望してついたポジションは一つもなかった」と言っているように、臨調時代までの土光には実は大欲はなかったと考えていいだろう。

たしかに土光は、意味のある仕事はしたかっただろう。その欲はあっただろうが、しかし、大欲ではなかった。東芝時代にも、日本のためにもこの会社を再建したいとは思っただろうが、それが大欲と呼べるようなものになっていたかどうか、疑問の余地もある。

なぜ、家電が五割の会社の社長が、カラーテレビを自宅に置かないか。なぜ、クーラーを置かないか。東芝再建が大欲となっていれば、そこまではしないとおかしいように私は感じる。東芝時代の土光をよく知る岩田弍夫は、東芝再建を引き受けた時の土光についてこう語っている。

「土光さんとしても、内心は仕事をしたくてウズウズしていたんじゃないでしょうか。そこへタイミングよく、石坂さんが『東芝再建』というビッグ・ステージを用意した。それも土光さんが抵抗なく受けやすいように、財界総理の立場を活用して完璧に近い根回しをしたわけです」（『土光敏夫大事典』191頁）

しかし土光は、「東芝のため」というのは徹底しなかったかもしれないが、「日本のため」は東芝時代からかなり考えていたと思われる。大欲の片鱗はもちろんあったのである。たとえば、大きいことでいえば、原子力への注力、防衛産業への関心、あるいはエネルギー問題への関与である。日本のエネルギー事情の将来を考えて、太陽熱温水器を古い住宅に設置しようとして、かえって高くついた例など、国士としての土光の片鱗がたしかに見える。

だが、行革をリードする立場になってはじめて、土光は国家のためという大欲が持てたのではないか。そしてそれは、実は橘学苑を創設した母と同じレベルの大欲を土光が初めて持てた瞬間だったように思える。

「老齢にして、国の将来を純粋に憂い、未来の世代のために命を削る」という仕事をできることになってはじめて生まれた、大欲ではなかったか。はじめて母と同じ種類の仕事が出来るという思いは、母の背中を追い続けた土光にとっては至福でもあったのではなかろうか。

大欲は無欲に似たりというが、無欲は大欲に似たりではない。たんなる無欲は大欲に劣るというべきであろう。もちろん、自分の望みという程度の大欲ではない。世のための、公の大欲は無欲に似たり、なのである。だから、命を削ってまで公の大欲のために生きようとする土光を、人々が無私の人として慕った。

それが、土光の超直接話法経営を完成させ、そして臨調のカリスマに土光を押し上げたのである。

# 終章

# 日に新たに、日々に新たなり

## 極上の特別天然記念物

土光はなぜ、超直接話法のカリスマ経営者になれたのか。

その問いに答える大きな鍵が、土光の座右の銘にありそうだ。この章のタイトルにした、中国の古典「大学」にある言葉である。中国古代、商の時代に、商の国王・湯王が洗面盤に彫りつけて、毎朝洗顔の際に見て自戒したという次の言葉である。

「まことに日に新たに、日々に新たに、また日に新たなり」

毎日、毎日が、新しい日として人間には訪れてくれるということを三度繰り返している。土光はこの言葉を少し縮めて、「日新、日日新」と色紙に好んで書いたが、その意味を土光自身が自著の中でこう解説している。

「今日という日は、天地開闢以来はじめて訪れた日である。それはすべての人に平等公平にやってくる。われわれは、昨日の時間をいまとりもどすことはできないし、明日の時間をいま使うこともできない。ただ今日の時間をいかに使うかが問われているわけだ」

(『新訂・経営の行動指針』200頁)

土光が毎朝毎晩、法華経の読経を日課にしていたことはすでに述べたが、土光はその理由を「日々に新たなり」を実行する一つの方便だと説明している。

「お経を唱えるのは、趣味じゃない。日々新たなりを実行する一つの方便なんだ。一日を一生懸命やるんだが、なかなかうまくいかないこともある。しくじれば、その日のうちに始末する。反省するということだ。それがボクの場合、寝る前にお経をあげて、懺悔するやり方にしている。そうすれば、昨日を悔やむこともないし、明日を思いわずらうこともなく、安眠できるんだ。あくる日はまた清浄無垢な日としてやってくる」（『評伝　土光敏夫』２２４頁）

つまり、弱い自分を安定させるためと土光が言っているとも読めるのだが、岩田弐夫はこの座右の銘を、後で紹介するように、「日々努力という姿勢のあらわれ」と考えるという。その日々の努力の気の遠くなるような積み重ねの中から、超直接話法の経営者が生まれたという解釈も可能だろう。

日に新たという言葉は、毎日毎日が勝負という読み方もできるだろう。おそらく作家の城山三郎は、そう解釈したのだろう。彼は土光との対談を二度ほど行っているが、すでに序章で紹介した彼の土光評は、こうだった。

「一瞬一瞬にすべてを賭ける、という生き方の迫力。それが八十年も積り積ると、極上の特別天然記念物でも見る思いがする」（『私の履歴書』１５６頁）

つまり土光は、毎日毎日の新しい努力と一瞬にすべてを賭ける生き方によって鍛え抜かれた、極上の特別天然記念物なのである。

しかし、結果は特別天然記念物でも、土光の生き様自体は、あえていえば「凡人の、日に新た」であった。土光と同じ年に生まれた、そして土光と同じように日蓮宗の信者であった宮澤賢治の有名な詩の出だしの部分が、その凡人の目指した姿を語っているように、私には思える。

「雨ニモマケズ
風ニモマケズ
雪ニモ夏ノ暑サニモマケヌ
丈夫ナカラダヲモチ
慾ハナク
決シテ瞋ラズ
イツモシヅカニワラッテヰル
一日ニ玄米四合ト
味噌ト少シノ野菜ヲタベ
アラユルコトヲ

ジブンヲカンジョウニ入レズニ
ヨクミキキシワカリ
ソシテワスレズ」（宮澤賢治）

これは、まるで土光の姿ではないか。

## 地涌の菩薩

土光敏夫と宮澤賢治、二人の日蓮宗信者の目指す姿が同じようになるのは、おそらく偶然ではないだろう。二人がともに読経した法華経の精神がそこにあるようだ。この項の小見出しにした、「地涌《ぢゆ》の菩薩」という考えである。

地涌の菩薩とは、娑婆世界（現実の世界）の中に無数にいる大菩薩たちのことで、彼らが実は偉い菩薩（たとえば観世音菩薩）とは別にこの世にはおおぜい存在する。そして、彼らが地の中から涌き出るように立ち上がってはじめて、末法の世の大衆が救済されるというのが法華経の基本的考えだという。

私は日蓮宗について門外漢だが、日蓮の入門書にこう書かれているのには納得した。

「この人たちは地の下から涌き出てくるのである。この世で、高い地位や権力を持っている人々ではないのである。大衆と共に住み、大衆と共に苦しんでいる人々である。ただ、人たるの筋道は、ふみはずすことのないように心がけている人々である。

このような人々が地から涌きだすように、立ちあがることがないならば、世界の問題は、ほんとうには、解決されないというのが、法華経の精神である。これを示そうとしたのが、日蓮の本旨である」(『日蓮』6頁)

土光も宮澤も、ともに地涌の菩薩をめざしたのではないか。そのための生き方が、土光の場合は「日に新た」という表現になったのだろう。「人たるの筋道をふみはずすことのないように」、「日に新たな」気持ちで毎日毎日努力することによって地涌の菩薩にはじめてなれる可能性が出てくるということなのであろう。

この地涌の菩薩という考え方は、土光が臨調会長として国民の意識改革と参加がなければ行革は成功しないと、強く主張していた背後にもあったように思われる。国民の少なからぬ数の人々が、地涌の菩薩のごとくに立ちあがらなければ、行政改革は成功しない、日本は自殺してしまうことになると、土光は本気で思っていたのであろう。だからこそ、臨調会長を退任する際にわざわざ国民へのメッセージを土光は出さざるを得ないと考えたのであろう。「みなさんも、地の下から涌き出てくれ」というのが土光の思いではなかったか。

しかし、日に新たにという気持ちで地涌の菩薩になろうとするのは、生半可な努力ではできない。それを積み重ねてきた土光は、修行僧・求道者にも似ている。ある意味で、土光の人生は日蓮宗の修行僧のようにも見える。

土光は、備前法華の家に生まれ、幼い頃から法華経の読経が習慣となった。社会に出てからはしばらく読経はやめていたが、四〇歳の頃に再開したという。そして土光は、岡山の実家を建て替える必要ができた時、それを「経王殿」という名の日蓮宗道場として建て替えた。土光家ゆかりの人たちや地元の人が集う道場である。そこに、鶴見から妻・直子が毎月、土光の名代として通っていたという。

朝晩の読経ばかりでなく、法華経と日蓮宗はつねに土光の周囲に存在し続けたのである。出家こそしないが、在家の日蓮宗の修行僧というイメージが、土光にはぴったりでもある。日蓮宗に帰依するというだけでなく、自分を厳しく律して道を求める求道者という意味の修行僧である。

土光の質素な生活信条も、法華経の教えに忠実なようにも見える。土光の質素の哲学の原点は法華経にあるのだろう。法華経は、人間が煩悩や五欲のために自分をおおっているので、この世界が実はそのままで仏の浄土であることを知らないでいると説く。そして、人間が「質素、正直にして、心がかたくなでなく、仏の教えを受け入れる用意があれば、この人は仏を見ることができる」という(『日蓮』72頁)。これを本門というそうだ。

こうして法華経の基本精神を自分の人生の基本としていた土光はしかし、仙人でも高僧でもなかった。むしろ凡人だと証言するのが、土光をもっともよく知る人の一人だと思われる岩田弐夫の次のような言葉である。

「土光さんは仙人でも高僧でもありません。私は土光さんに学ぶところはまなび、学び得ないで棄てるところはすてる考えで、今日まで接してまいりました。……土光さんは凡人のお方だと思います。それを自ら鍛え、修練して八八歳のこんにちまで、ご自分を非凡に近づけられたのではないでしょうか。『まこと日に新たに、日々に新たなり』(紀元前、中国商・湯王のことば)を、ご自分のことばとしてされているのでも、それがわかります。『日に努力、日々に努力』と至って直截にご自分に言いきかせ、命じ、生きてこられたのだと思います」(『土光さんから学んだこと』40頁)

## 現代の日蓮

土光のバックボーンに法華経の考えが見られるだけでなく、その法華経を最高の経典として日蓮宗を興した日蓮の人生も、土光の生き方と重なる部分がある。それを土光を知る多くの人が感じたようだ。

たとえば、土光の評伝第一号を早くも一九七六年に書いた榊原博行は、こう書いている。

「土光の性格が、数多い宗教、宗派のなかでもっとも日蓮宗に近かったのだろうし、また読経を通じて法華経の真髄に肉迫していったのも事実だろう。……たしかに、土光の戦闘的な行動哲学や、私心を没却した生活信条は、日蓮の教理にみごとなまでに合致している。「土光さんは〝生きる日蓮上人〟だ」（平賀潤二・昭和電線電纜社長）と言う人も多い」（『評伝　土光敏夫』２２８頁）

この引用に出てくる平賀潤二は、土光が東芝再建に乗り出した時に右腕として働いた元東芝専務の平賀である。榊原がこう書いたのは一九七六年のことで、臨調会長に土光が引っぱり出される五年も前であった。

臨調以前にも周囲にこうした印象を与えていた土光の心に日蓮が再び大きく躍り出てきたのは、行政改革は国難という意識を土光が持った時であったろう。日蓮が鎌倉幕府に「日本の国難を救うために」建白した『立正安国論』とその戦闘的な行動を、土光は思い出したのかもしれない。

たしかに土光は、「このままでは日本が自殺してしまう」という国難に、行政改革という形で自ら立ち向かおうとした。それが「土光の戦闘的な行動哲学」と榊原が言うものであろうが、土光自身の言葉で言えば、それは「荒波に立ち向って、自分を忘れて民のために生きる」ということになる。土光は自分の信念と行動について、宗教家の例を引きながら、こう語っている。

「昔の宗教家、たとえば親鸞にしても弘法大師にしても、みな荒波に立ち向って、自分を忘れて民のために生きた人ですよ。その立派な信念にたいしてみんなが心を動かしたんだと思うが、自分が正しいと思ったことは、やり抜くことですよ。他人がやるからついて歩くということではダメだ」(『日々に新た　わが心を語る』46頁)

ここで日蓮の名をあえて出さずに親鸞や弘法大師を出しているのは、日蓮宗信者・土光敏夫の一種の奥ゆかしさかもしれない。土光をよく知るジャーナリストである志村嘉一郎は、その著書の中で土光と日蓮のイメージの重なりを、次のように書いている。

「日蓮宗は、『正しいものを求めるためには、身を捨てても行動するべきだ』という捨身の思想を説いている。法華経も、『末法悪世の社会における積極的実践』を説く。たとえ余命いくばくもないと思っても、使命感を持てば立ち上がるところに、法華経の心があるという。

土光が、いくつもの会社の危機を救い、企業批判が渦巻く中で財界の信用を回復し、さらに八十四歳で行政改革の中核に飛び込んで行った軌跡は、日蓮とオーバーラップするのである」（『土光敏夫　21世紀への遺産』65頁）

しかし土光は、日蓮宗関連の会合にも出席しないし、宗教活動を自分で行ったのでもなかった。他人に日蓮宗を勧めたりすることもなかった。自分一人の精神的基盤に法華経と日蓮を置いていただけである。そして、毎朝・毎晩の法華経の読経も、日蓮とともに過ごす時間だったのかもしれない。

しかも、土光の最後は、恵まれないまま死んでいった日蓮の最後と同じように、一種の殉教者を思わせる。自分の信念に奉じて死をも覚悟という意味で殉教者である。行革に命を削った土光の姿が、それである。そして、自分の殉教が自分の死後もすぐには報われなかったという意味でも、日蓮と似ているようでもある。

土光の場合、一九八八年に土光が逝去した頃から、日本は本格的なバブルに突入した。土光が訴えた「増税なき財政再建」も、土光の逝去直後の八八年一二月に消費税法案が国会で成立したことで、結局は実現しなかった。そして日本は、九一年のバブルの崩壊を迎える。

たしかに、臨調で決まったように国鉄は民営化され、三公社五現業も解体あるいは民営化された。省庁の合理化・再編も、後に行われた。しかし、土光が臨調当時に心配していた国の負債一〇〇兆円は、バブル崩壊後の経済対策としての国債の大量発行で、土光の逝去後一〇年の一九九八年には六百兆円を超え、二〇一〇年には一〇〇〇兆円の大台を突破してしまう。そして日本経済全体も、バブル崩壊後には「失われた二〇年」に突入してしまった。

「日本を自殺させてはならない」という土光の思いは裏切られたと、言わざるを得ない経済の実態を、土光亡き後の日本は経験してきているのである。あれだけ国民的共感を勝ち得た「行革の土光」の「殉教」は、報われることがなかったというべきかもしれない。

日本という国全体のみならず、土光が再建に苦闘した東芝も、土光の没後四半世紀も経った二〇一五年以降ではあるが、大きなスキャンダルと経営危機に見舞われた。しかも、土光が再建のキーワードとした「チャレンジ・レスポンス経営」の「チャレンジ」

という言葉を悪用した経営という始末である。

## 時代が、土光を求めた

こうして土光の日本への貢献の努力は、必ずしも花を咲かせているわけではないと言わざるを得ないのだが、それは土光の貢献が小さかったということではない。土光の大きな貢献があったにもかかわらずと表現すべきであろう。土光という存在を当時の日本が強く求めたこともまた、たしかなのである。

とくに、土光が経団連会長から臨調会長として活躍した時期は、時代が土光を求めたと表現してもいいと思われる。土光経団連会長時代の事務総長であった花村仁八郎は、「時代の流れが土光さんを登場させたと思います。……問題山積している状況では、土光さん以外にはなかったのですよ」という（『無私の人』202頁）。一九七三年の第一次オイルショック後の経済混乱の時代、財界不信の時代が、土光のような人物を経団連会長として必要としたのである。

臨調の会長もまた、時代の要請であった。七九年の第二次オイルショックを世界の優等生として乗り切った日本は、ゆるみ始め、そしてバブルの道へと走り始めていた。そして、第5章でも説明したように、当時の日本の政治情勢が行政改革を政治の大きなテーマとする方向へと動いていった。

その日本が土光のようなリーダーを求め、時代の求めが土光を国民的英雄という高みへと押し上げたのである。一九八二年の「メザシの土光さん」のテレビ放映はまさに時代への警鐘でもあり、そして八八年の土光の国葬に近い葬儀は、今から考えると昭和という時代とバブルの時代へ別れを告げる葬送の儀にも見える。

そんな土光の存在を、土光の最近の評伝の作者である山岡淳一郎は、「国民の後ろめたさをかき消す存在」とユニークな表現をする。山岡は、こう書いている。

「土光は質実剛健、質素倹約という古くさい生き方を終生変えなかった。……天災や飢饉、戦災で苦しんだ日本人の心理には『もったいない』という思いが、どこかで必ず顔を出す。その日本人のメンタリティが、土光を変わりゆく時代の柱石に見立てたのではないだろうか。土光が醸し出す『懐かしさ』や『親父の存在感』に多くの人が無意識に吸い寄せられた。人々は『パンとサーカス』にのめり込みそうになると、その『後ろめたさ』を土光への信認によってかき消そうとしたのである」（『気骨』309頁）

「パンとサーカス」とは政府によって国民に与えられる「食いぶちと娯楽」という意味で、古代ローマの社会の世相を批判する言葉である。土光が一九七五年当時から、行政改革の必要性をこの言葉を使って強調していたことをすでに第5章で紹介した。

政府から与えられる「パンとサーカス」に実は国民はのめり込みやすい。しかしそこには後ろめたさもあり、それを消してくれる作業として土光という存在を信認することが国民感情にフィットした、という山岡の発言は鋭い。

実は、時代が求めていたのは、行革の経営者としての土光ではなかったのかもしれない。自分たちの不安を代わりに受け止めてくれる、求道者と殉教者を求めたのであろう。それが、土光という現代の日蓮ではなかったか。

つまり、時代は現代の日蓮を求めた。だからこそ、土光は行革の鬼としてあれだけ大きな存在になれたのであろう。

その土光が、いまは鎌倉・安国論寺に眠っている。日蓮が、国への大きな警鐘を鳴らした『立正安国論』を書いたと伝えられる洞窟のそばに立つ寺である。またそこは、日蓮がこの著作で糾弾した念仏者から、襲撃され追い払われた庵のあった場所でもある。

第6章で書いたように、その安国論寺で穏やかな日々の眠りにある土光。それなりに、落ち着くべきところに落ち着いた感のある、幸せなエンディングと言うべきか。

## 鵜のマネする烏 水におぼれると思いつつ

臨調の時代の日本が求めたのが実は「経営者土光」ではなかったとしても、土光の長い経営者人生からわれわれが学べることはもちろん沢山ある。

前章で強調した点だけを振り返っても、「現場の達人」と「凛とした背中」でここまで経営がきちんとできるということの再確認でも、大きな学びのように私には思える。さらに、経営スタイルの持つ機能や効果についても、われわれは土光の経営者人生から学ぶことができる。

それは、一つには直接話法経営の大切さである。現在の日本企業の経営にこの直接話法経営が軽視され過ぎている感はないだろうか。その上で、大組織では直接話法経営には限界があること、直接話法経営と間接話法経営とのミックスが重要であること、その認識である。

あるいは橘川武郎が最近の土光の評伝で結論づけている点も、土光の経営から汲み出せる教訓を示唆している。橘川は、二十一世紀に入ってからの日本経済と日本企業の低迷を分析し、その再生のために土光の経営から学ぶべき点としてこう結論づけている。

「日本経済と日本企業を再生させるために土光敏夫の経営思想から学ぶべきポイントは、『長期ビジョンの提示』と『バイタリティの発揮』とである。土光の経営思想を勤倹節約にもとづく『合理化の徹底』とだけとらえると、この点を見失うことになる」（『土光敏夫　ビジョンとバイタリティをあわせ持つ改革者』２３７頁）

私とは違う視点で、たしかに土光の経営思想の重要なポイントを指摘していると思われる。

こうして、経営者としての土光から学べる点は多々あるのだが、しかし、人生の生き方全体を考えた時、なかなか「現代の日蓮」の行動をなぞり、そのマネをしようとするのは、むつかしそうだ。

土光の『私の履歴書』を日経記者として担当した刀根浩一郎の言葉が、土光の素晴らしさと土光をなぞることのむつかしさを正直に語っている。

「とにかく担当してみて、人間的だし、わかりやすいし、自分も土光流の生き方をしなければいかんな、と頭の中では理解できるのだが、さあ、あすからやってみるか、ということになれば、自分はたぶん、逆立ちしても、一生かけても決してできないだろうな、ということも十分予感できる。……

近いのだけれど、真似するとなると、はるか何億光年か、かなたの存在になってしま

うのが、実感した土光像であった」（『私の履歴書』159頁）

土光の東芝時代の秘蔵っ子であった岩田弐夫も似たような感想を持ったようだ。この章の第二項で、「土光さんは仙人でも高僧でもありません」という岩田の言葉を紹介したが、この言葉が出てくる文章が他の人々の文章とともに収録されている『土光さんから学んだこと』という本が出版されたのは、土光の八八歳の誕生日であった。そこに収録された岩田の文章の冒頭に先に紹介した部分があるのだが、岩田はその文章の最後をこう締めている。

「土光さんはいまでも耐乏生活をされています。耐乏生活と思うのは私たちのほうで、ご自分は身についた暮らしなのでしょうが、冬は暖をとらず、夏は涼を求めず暮らしています。ご自分に許される可能な限りの最低の生活をされています。そして、その生き方を、けっして他人に強要しません。

私には土光さんの生き方の真似もできないし、マネしようとも思いません。土光さんは、ご自分の道をたったお一人で、極北へ向かって歩いているように思えます。その清い、遠い後姿を追いながら、私は自分の道を歩むばかりです」（『土光さんから学んだこと』42頁）

この文章全体のタイトルは、「鵜のマネする烏　水におぼれると思いつつ」。それを、この項の小見出しに私はした。岩田はさすがに、土光をもっともよく理解した人だと私は思う。

「日に新たに、日々に新たなり」とたゆまず努力を続ける凡人が、非凡な地涌の菩薩となる。それが、土光の本当の姿のように私には思える。

マネはできないが、何億光年のかなたにある、極北の星。マネはできないことを承知の上で、その星の光を探し続ける、それに導かれようと志す、それがふつうの凡人にすぎないわれわれがすべきことなのであろう。ただし、下手なマネで水におぼれることだけは避けつつ。

## 参考文献

池田政次郎監修『昭和人間記録　土光敏夫大事典』産業労働出版協会、一九八九年
石川島重工業編『石川島』『いしかわじま』（社内報）
石川島重工業編『石川島重工業株式会社108年史』一九六一年
石川島播磨重工業編『あい・えいち・あい』（社内報）
石川島播磨重工業編『石川島播磨重工業社史』一九九二年
伊藤栄樹著『秋霜烈日　検事総長の回想』朝日文庫、一九九二年
猪木正実著『土光敏夫の世界　〃メザシの土光さん〃再び』日本文教出版、二〇〇九年
居林次雄著『財界総理側近録　土光敏夫、稲山嘉寛との七年間』新潮社、一九九三年
上竹瑞夫著『無私の人・土光敏夫』講談社、一九九五、学陽文庫、二〇一一年
金田洋子著『土光のおじさま』大正出版、一九八三年
上之郷利昭著『総理を叱る男　土光敏夫の闘い』講談社、一九八三年
橘川武郎著『土光敏夫　ビジョンとバイタリティをあわせ持つ改革者』PHP研究所、二〇一七年
久保田正文著『日蓮　その生涯と思想』講談社現代新書、一九六七年
経済団体連合会編『経団連月報』

榊原博行著『評伝　土光敏夫』国際商業出版、一九七六年
志村嘉一郎著『土光敏夫　21世紀への遺産』文藝春秋、一九八八年、文春文庫、一九九一年
出町譲著『清貧と復興　土光敏夫100の言葉』文藝春秋、二〇一一年、文春文庫、二〇一四年
出町譲著『母の力　土光敏夫をつくった100の言葉』文藝春秋、二〇一三年
東京芝浦電気編『東芝ライフ』（社内報）
東京芝浦電気編『管理者ノート』（管理者向け社内報）
東京芝浦電気編『東芝百年史』一九七七年
土光敏夫著『経営の行動指針』産業能率短期大学出版部、一九七〇年
土光敏夫著、本郷孝信編『新訂・経営の行動指針』産業能率大学出版部、一九九六年
土光敏夫著『土光敏夫　私の履歴書』日本図書センター、二〇一二年
土光敏夫著『日々に新た　わが心を語る』東洋経済新報社、一九八四年
浜島典彦著『清貧の人　土光敏夫　その信念と家族の絆』大法輪閣、二〇一一年
PHP研究所編『新装版　土光敏夫　信念の言葉』PHP研究所、二〇〇九年
本郷孝信編『土光さんから学んだこと　土光敏夫における人間の研究』青葉出版、一九八四年
前間孝則著『ジェットエンジンに取り憑かれた男』（上・下）、講談社＋α文庫、二〇〇三年
末木文美士著『増補　日蓮入門　現世を撃つ思想』ちくま学芸文庫、二〇一〇年

松沢光雄著『土光敏夫の生い立ちと素顔』山手書房新社、一九九二年
三鬼陽之助著『東芝の悲劇　あなたの会社も例外ではない』光文社、一九六六年
宮野澄著『正しきものは強くあれ　人間・土光敏夫とその母』講談社、一九八三年、講談社文庫、一九八六年
宮野澄著『土光敏夫　質素の哲学』PHP文庫、一九九七年
山岡淳一郎著『気骨　経営者土光敏夫の闘い』平凡社、二〇一三年

## 年表

一八九六・九・一五　岡山県御野郡大野村に生まれる。父菊次郎、母登美の二男
一九〇九・四　私立関西中学に入学（三度の県立岡山中学受験の失敗の後）
一九一七・四　東京高等工業に二度目の受験で合格。生長としてトップ入学
一九二〇・四　石川島造船所に入社
一九二三・一　スイス・エッシャーウィス社に研究留学派遣
一九二四・一〇　スイスより帰国
一九二四・一一　栗田直子と結婚
一九二九・五　純国産・国内最大のスチームタービンの開発に成功。秩父セメントに納入成功
一九三六・六　石川島芝浦タービンが発足、土光は技術部長として出向
一九三七・七　石川島芝浦タービン取締役就任
一九四〇・九　父・菊次郎逝去
一九四一・九　父の一周忌の席で、母・登美が女子教育を手がけると宣言
一九四二・四　母・登美、四年制各種学校「橘女学校」を開校
一九四五・四　母・登美逝去、橘女学校の経営を引き継ぐ

一九四六・五　石川島芝浦タービン社長に就任
一九五〇・六　石川島重工業社長に就任
一九五一・一　社内報『石川島』新年号として創刊
一九五四・四　造船疑獄で拘置。不起訴
一九五七・一一　東京芝浦電気・社外取締役に就任
一九五八・一二　ブラジルに石川島ブラジル造船所完成
一九六〇・一二　播磨造船所と合併し、石川島播磨重工業設立。初代社長に就任
一九六二　相生第一工場が、工場としての造船進水量世界一に
一九六三　石川島播磨重工業、造船世界一に
一九六四・五　名古屋造船と名古屋重工が石川島播磨重工業と合併
一九六四・一一　石川島播磨重工業社長を退任、会長に。後任は田口連三
一九六五・五　東京芝浦電気の社長に就任
一九六六・五　思い切った役員抜擢人事。岩田弐夫が専務に
一九六八・五　経団連副会長就任、同時に石坂が経団連会長を退任
一九六九・八　石播の永野副社長を東芝の専任副社長・原子力本部長に就任させる
一九七二・八　東芝社長を退任、会長に

一九七二・一一　石播会長を退任、取締役相談役に
一九七四・五　経団連会長に就任
一九七六・六　東芝・会長を退任、取締役相談役に
一九七八・六　石播の取締役相談役を辞任、相談役に
一九八〇・五　経団連会長を退任。東芝取締役相談役を辞任、相談役に
一九八一・三　第二次臨時行政調査会会長に就任
一九八二・七　行革第三次答申直前に「メザシの土光さん」の全国放映
一九八三・三　行革最終答申提出、臨時行政調査会会長を辞任
一九八三・七　臨時行政改革推進審議会会長に就任
一九八六・六　臨時行政改革推進審議会会長を辞任
一九八六・一一　勲一等旭日桐花大綬章を受章
一九八八・八・四　逝去。享年九一歳。戒名は、安国院殿法覚顕正日敏大居士
一九八八・九・七　日本武道館で国葬に近い葬儀

# あとがき

一冊の本の作業が著者として終了するのは、ゲラの校正を終えて出版社に渡すときである。その時にはどんな本でも、「やっと終わった」という安堵感がある。この土光敏夫の評伝については、その安堵感がとくに深い。二つの安堵感が重なるからであろう。

一つは、その複雑な人生を描き終えた安堵感である。

土光がトップに立った主な組織をリストアップすれば、その複雑な経路がよくわかる。石川島芝浦タービン、石川島重工業、石川島播磨重工業、東芝、経団連、第二次臨時行政調査会。現場志向のタービン人間が国の行政改革のカリスマにまでなる、驚くべき変化の人生である。

しかも、土光のもとには三つの大きな難題が飛び込んだ。その対応の結果は、二勝一分けで、単純な勝利の人生ではなかった。いや、そもそも人生の出発点で土光は中学受験に三度も失敗しているし、造船疑獄での拘置の経験もあるし、東芝の再建の苦闘もあった。さまざまに曲がりくねった人生だったのである。

そして、個人生活としても、偉大な母親の影響があり、橘学苑への巨額で長期の寄付があり、また毎朝の法華経の読経と毎週の畑仕事があった。宴会嫌いの土光さん、メザシの土光さんは、経営者としてはケタ外れの多様性の人だった。

　そうした土光のすべてを集約的に表現すると、終章の最後で書いたように、「日に新たに、日々に新たなり」とたゆまず努力を続ける凡人が、非凡な地涌の菩薩となる、という人生であったと思う。その長い人生行路を私なりに描き終えた、という安堵感がある。

　もう一つの安堵感は、私にとっての経営者評伝三部作が、これで終わったということである。とくに三部作と最初から決めていたわけではないが、さまざまな経緯で戦後日本を代表する名経営者三人の評伝を書くことになった。

　最初がホンダの創業者・本田宗一郎、次に川崎製鉄（現ＪＦＥホールディングス）の初代社長・西山彌太郎、三人目が土光敏夫であった。その三部作は私にとっても戦後日本の歴史、とくにバブル崩壊までの歴史をなぞる仕事になった。西山彌太郎の逝去は高度成長の真っ只中であったが、本田宗一郎が逝去したのはバブル崩壊の年であり、土光の逝去はその三年前であった。

　私は、自分自身が終戦の年に生まれ、戦後の高度成長とともに育ち、そしてバブル崩壊も自分で経験している。そのバブル崩壊までの日本の戦後の繁栄の時代を、私は三人の経営者の目を通して振り返ることになった。それは、自分の同時代史でもあったのである。

同じ時代状況とはいえ、三人の経営者の個性はもちろん大きく違う。ひとことで言えば、本田宗一郎は能力もキャラクターも天才。西山彌太郎は偉大なる凡人。土光敏夫は、終章で紹介したように、「極北の星」。土光については、日蓮に近づいた凡人、とも言えそうだ。

その三人についての私の感想をこれもまたひとことでいえば、本田宗一郎は「こんな人間が存在しうるんだ」。西山彌太郎は「このスケール感はなんだ」。土光敏夫は「この修行僧のような人生はなんだ」。

三人とも、とてもマネしようにもできそうもないと感じるが、土光についてはとくにその感が強い。土光は自分からはもっとも遠い存在に思えた人だった。そのせいだろうか、評伝三部作の中で私はそれぞれの経営者を、宗一郎、彌太郎、と書いたのだが、土光の場合は敏夫とは書けなかった。そう書くことがはばかられるような気分があった。くだらないことだが、私の父親の名前が敏雄であったことが、どこかで影響しているのかもしれない。

そんな土光の評伝を書こうと決心したのは、私が東芝の社外取締役をやっているときだった。すでに西山彌太郎の評伝を出版した頃から、「次に書くとすれば土光敏夫ですね」と編集者の人たちと話していた。そして、二〇一五年に露見した会計問題をきっかけに東芝の改革の方向を考える役回りとなったとき、東芝を再建したといわれている土光の経営者人生をあらためてきちんと調べなければ、と思ったのである。ただ、第4章にくわしく書いたように、土光の東芝再建は意外にも「引き分け」で、前半の絶好調、順調でない後半、という結果だった。

その前半も後半も淡々とくわしく描けたのは、東芝が提供してくださった当時の社内報に豊富な情報があったからである。私は東芝の社外取締役を二〇一六年に退任したが、東芝の関係者には写真提供も含めて、深く感謝したい。そして、IHI（旧石川島播磨重工業）も社内報資料と写真の提供をしてくださり、また経団連事務局からも資料提供を受けた。ともに、記して感謝したい。

この本の編集は、長年の付き合いのある日本経済新聞出版社の堀口祐介さんが、いつもながらのスピード感できちんとやってくださった。心からお礼を申しあげる。

二〇一七年七月

伊丹敬之

本書は、二〇一七年九月に日本経済新聞出版社から発行した『難題に飛び込む男 土光敏夫』に「文庫版まえがき」を加えて文庫化したものです。

日経ビジネス人文庫

# 難題《なんだい》が飛《と》び込《こ》む男《おとこ》 土光敏夫《どこうとしお》

2019年8月1日 第1刷発行

著者
伊丹敬之
いたみ・ひろゆき

発行者
金子 豊

発行所
日本経済新聞出版社
東京都千代田区大手町1-3-7 〒100-8066
電話(03)3270-0251(代) https://www.nikkeibook.com/

ブックデザイン
鈴木成一デザイン室

本文DTP
マーリンクレイン

印刷・製本
中央精版印刷

本書の無断複写複製(コピー)は、特定の場合を除き、
著作者・出版社の権利侵害になります。
定価はカバーに表示してあります。落丁本・乱丁本はお取り替えいたします。
©Hiroyuki Itami, 2019
Printed in Japan ISBN978-4-532-19956-2

nbb 好評既刊

## 魔法のラーメン発明物語
安藤百福

「チキンラーメン」「カップヌードル」を生み出した、日清食品創業者の不撓不屈の人生。チキンラーメン50周年に合わせて文庫化。

## 毎日が自分との戦い
金川千尋

「利益力世界一」を誇る米国企業と日本一の高収益企業を育て上げた金川流経営の原点がここに。日経連載「私の履歴書」、待望の文庫化。

## 稲盛和夫のガキの自叙伝
私の履歴書

稲盛和夫

「経営は利他の心で」「心を高める経営」――度重なる挫折にもめげず、人一倍の情熱と強い信念で世界的企業を育てた硬骨経営者の自伝。

## 本田宗一郎 夢を力に
私の履歴書

本田宗一郎

本田宗一郎が自らの前半生を回顧した「私の履歴書」をもとに、人間的魅力に満ちたその生涯をたどる。「本田宗一郎語録」も収録。

## 松下幸之助 夢を育てる
私の履歴書

松下幸之助

弱冠22歳の創業以来、電器一筋に世界的メーカーを育て上げ、「水道哲学」の理念の下、社会への発言を続けた〝経営の神様〟の履歴書。

nbb 好評既刊

**挑戦 我がロマン**

鈴木敏文

日本初のコンビニ創業、銀行業への参入、PBへの挑戦……。巨大なセブン&アイグループを築いた稀代の経営者による、改革のドラマ。

**20世紀 日本の経済人**

日本経済新聞社＝編

日本に未曾有の発展をもたらした52人のリーダーの人生を、丹念な取材で再現。今こそ求められる「日本経済の活力」の源泉を探る。

**鈴木敏文 考える原則**

緒方知行＝編著

「過去のデータは百害あって一利なし」「組織が大きいほど一人の責任は重い」——。稀代の名経営者が語る仕事の考え方、進め方。

**鬼才縦横 上・下**

小島直記

沿線の宅地開発、少女歌劇、ターミナル百貨店、ビジネスホテル——次々に日本初のビジネスを創出した大財界人・小林一三の実像を描く。

**経営者が語る戦略教室**

日本経済新聞社＝編

社内の宝を再発見したカルビー、地方攻めるジャパネットたかた、優れた本社で世界へ挑むテルモ——。経営者と経営学者による戦略講義。

nbb 好評既刊

## How Google Works

エリック・シュミット
ジョナサン・ローゼンバーグ
ラリー・ペイジ＝序文

すべてが加速化しているいま、企業が成功するためには考え方を全部変える必要がある。グーグル会長が、新時代のビジネス成功術を伝授。

## なぜリーダーは「失敗」を認められないのか

リチャード・S・テドロー
土方奈美＝訳

現実を直視できず破滅に向かう企業と、失敗を認め成功する企業の経営の違いとは。ハーバード・ビジネススクールの教授が説く教訓。

## リッツ・カールトン 超一流サービスの教科書

レオナルド・インギレアリー
ミカ・ソロモン
小川敏子＝訳

極上のおもてなしで知られるリッツ・カールトンのサービスの原則とは。リッツで人材教育を担う著者が、様々な業界で使えるメソッドを公開。

## リーダーは最後に食べなさい!

サイモン・シネック
栗木さつき＝訳

TEDで視聴回数3位、全世界で3700万回以上再生された人気著者が、部下から信頼されるリーダーになるための極意を伝授。

## Becoming Steve Jobs 上・下

ブレント・シュレンダー
リック・テッツェリ
井口耕二＝訳

アップル追放から復帰までの12年間。この混沌の時代こそが、横柄で無鉄砲な男を大きく変えた。ジョブズの人間的成長を描いた話題作。

nbb 好評既刊

戦後経済史
野口悠紀雄
東京大空襲から平成まで――。何が変わり、何が変わらなかったのか？　経済学者が生き生きと捉えた戦後70年の日本社会と経済の変化。

戦略の本質
野中郁次郎・戸部良一
鎌田伸一・寺本義也
杉之尾宜生・村井友秀
戦局を逆転させるリーダーシップとは？　世界史を変えた戦争を事例に、戦略の本質を戦略論、組織論のアプローチで解き明かす意欲作。

働くみんなの
モティベーション論
金井壽宏
「やる気」の持論があれば、自分自身も周囲にも意欲を持たせることができる！　人気経営学者が、理論と実践例から「やる気」を考える。

みんなの経営学
使える実戦教養講座
佐々木圭吾
ドラッカーの「マネジメントは教養である」という言葉を紐解き、金儲けの学問と思われがちな経営学の根本的な概念を明快に解説する。

帝王学
「貞観政要」の読み方
山本七平
組織の指導者はどうあるべきか？　古来、為政者の必読書とされてきた名著を、ビジネスリーダーに向けて読み解いたベストセラー。

nbb 好評既刊

## 失敗の研究 巨大組織が崩れるとき

金田信一郎

理研、マクドナルド、ベネッセ――。なぜ、巨大組織は行き詰まるのか。巨大組織が陥る6つの病とは。組織崩壊のメカニズムを解明する。

## 昭和戦争史の証言 日本陸軍終焉の真実

西浦 進

日本陸軍はいかに機能し、終焉したのか。いまだ謎の多い陸軍内部を、豊富なエピソードを交えてエリート将校が明かす。

## なぜ大国は衰退するのか

グレン・ハバード
ティム・ケイン
久保恵美子=訳

日本は没落の危機を克服できるか? 古代ローマから現代まで、最新の経済学をもとに経済的不均衡が文明を崩壊させることを解き明かす。

## 経済の本質

ジェイン・ジェイコブズ
香西 泰・植木直子=訳

経済と自然には共通の法則がある――。自然科学の知見で経済現象を読み解く著者独自の視点から、新たな経済を見る目が培われる一冊。

## 経済と人間の旅

宇沢弘文

弱者への思いから新古典派経済学に反旗を翻し、人間の幸福とは何かを追求し続けた行動する経済学者・宇沢弘文の唯一の自伝。